本书受深圳市中小学生探究性课题资助

U0623985

中学生如何做

小课题研究

肖安庆 / 编著

北方联合出版传媒(集团)股份有限公司

万卷出版有限责任公司

ⓒ 肖安庆 2021

图书在版编目（CIP）数据

中学生如何做小课题研究／肖安庆编著.—沈阳：
万卷出版有限责任公司，2021.11
　ISBN 978-7-5470-5762-9

　Ⅰ．①中… Ⅱ．①肖… Ⅲ．①生物课—教学研究—高
中 Ⅳ．①G633.912

　中国版本图书馆CIP数据核字（2021）第189328号

出版发行：北方联合出版传媒（集团）股份有限公司
　　　　　万卷出版有限责任公司
　　　　　（地址：沈阳市和平区十一纬路25号　邮编：110003）
印 刷 者：北京政采印刷服务有限公司
经 销 者：全国新华书店
幅面尺寸：170mm×240mm
字　　数：153千字
印　　张：8.5
出版时间：2021年11月第1版
印刷时间：2021年11月第1次印刷
责任编辑：赵新楠
责任校对：高　辉
装帧设计：言之凿
ISBN 978-7-5470-5762-9
定　　价：45.00元
联系电话：024-23284090
传　　真：024-23284448

编 委 会

编 著：肖安庆

编 委：葛贻文　罗爱莲　郑文彬　林　娟

　　　　董超凡　任春林　胡宏鹏

多元化的目标和价值定位①

创造改变世界，创新是人类生活的本能。小课题研究是对学生进行人生教育的根本活动。不创新，人类就不能生存、繁衍和发展；不创新，社会就不能进步、繁荣和昌盛。因此，小课题研究应承担起弘扬人文精神，培养学生基本劳动技能，促进人的发展，提高人的素质的重任。新一轮课程改革中，小课题研究作为综合实践的基本组成部分，其目标和价值定位应该是多元的，其中包括知识与技能，过程、方法和能力，情感态度与价值观。如何确立其教学目标，才能最大限度地适应新世纪对人才的培养需求，这是值得我们研究的一个课题。以下是我对中学小课题研究的目标和价值定位的理解和做法。

一、培养兴趣、养成习惯

1. 兴趣是最好的老师

兴趣是获取知识、成就事业的源头。有了兴趣，学生就会千方百计地去动脑筋。对学生感兴趣的内容，应以学定教。学生并不需要教师过多地讲解，而是需要鼓励和引导，学生探究过程中要允许失败，但要帮学生分析失败的原因，要为学生积极参加劳动和技术活动而感到高兴，这样学生的热情才能持久。因此遵照科学规律，激发学生的兴趣，应该是我们小课题研究教师要确立的第一个教学目标。

---

① 选自《中国科普教育论文集（2018年）·融合篇》，肖安庆《试论创客活动的目标和价值定位》。

2. 播种习惯，收获性格

习惯是一种行为方式和思维方式。一种习惯的培养往往会影响学生性格的形成，可以说习惯是性格形成的基础，甚至会在某种程度上决定人的命运。学校教育的起始阶段，对于人生习惯的养成有着重要的奠基作用。从小养成了良好的习惯，可以使人受益终生；反之，一旦形成了不良习惯，要想改过来则谈何容易。因此，我们把逐步培养学生良好的劳动习惯列为教学目标之一，这是十分必要的。

二、注重实践、尊重体验

教育家皮亚杰指出："儿童只有自发地、具体地参与各种实际活动，大胆形成自己的假设，并努力去证实，才能获得真实的知识，才能发展思维。"小课题研究是一门思想性、实践性很强的课程。创新技能的掌握、自理能力的提高、劳动习惯的养成都是在实践中实现的。

1. 在实践操作中学会解决问题的方法

小课题研究的第一特性就是实践性，没有实践或实践得不够，就不能体现小课题研究的特点。在小课题研究的教学过程中，实践操作是教学必不可少的环节。因此，我们的教学目标就是要研究怎样落实学生的实践环节，以及在实践中针对学生会遇到的问题，对他们进行帮助和引导。

好动是学生的天性，如果我们顺天性而教之，则必然有助于学生创新能力的培养。小课题研究教学为学生提供了大量动手的机会，在讲授这些内容时，应该在教师的指导下，从探究和主动模仿开始，使学生逐步过渡到独立地完成某项活动，真正做到"学生动脑又动手，教师做参谋"。学生在具体的实践中，既学到某项技能，又培养了兴趣，同时发展了观察、思维、想象和创新的能力。在探究过程中，学生会得到许多有益的"副产品"，而这些"副产品"的价值总和很可能超出结论自身价值的若干倍。如果教师匆忙地揭示结论，必然会损害学生创造性的思维、主动探究的精神以及成功和失败的内心体验等多方面的获得。因此我们说，唯有真实的实践，才能让学生成长，才能让学生发现问题、研究问题、解决问题。

2. 在个人体验中感受劳动的魅力

苏霍姆林斯基说过："在人的心灵深处，都有一种根深蒂固的需要，这就是希望自己是一个发现者、研究者、探索者。在儿童的精神世界里这种需要特别强烈。"每个学生都希望自己成功，能得到老师的赞赏。可见，让学生在实践操作中体验成功的快乐是非常重要的。"那种既要学生当观众，又要他们规规矩矩地不说话、不乱动，是非常残酷的事情。"我们的教学应尽力满足学生的成就需要，帮助学生树立自信心，依靠自身的努力达到成功和从知识的获益中得到满足，让学生们体验成功的快乐，激发学生内在的学习需求，以使学生们在教学过程中总能保持浓厚的学习兴趣，促使每一个学生愿意学习且学有所得。

三、发展能力、张扬个性

发展学生多种能力，促进学生个性特长形成，提高学生综合素质是我们小课题研究的终极目的。

1. 动手又动脑，多种能力同提高

如果小课题研究教学仅仅停留于"模仿做"的教学方式，则不利于学生创新能力的培养。因此，我们的课堂该怎样开放，该怎样引导学生由动手做到动脑做，引导学生能看出门道，以此来提高他们的多种能力，更是我们一线教师要思考的一个问题。

我们的小课题研究，并不在于学生创造出什么物品，关键是让他们养成劳动习惯和懂得劳动很有滋味。通过小课题研究，应引导学生养成探究式的学习习惯和学习方法，帮助学生树立创造意识，培养他们的创造力，从而为创造性人才的培养打下必要的基础。在小课题研究中，如果我们的教学目标定位准确，我们就有很多机会来提高学生们的多种能力。

2. 个性得到张扬，综合素质会更强

以人为本，张扬个性，这是新课标的重要思想。在实践中，教师往往会发现，太理想的设计在常态的课堂中往往是行不通的。当尊重教案与尊重学生产生矛盾时，尊重学生无疑是第一位的。因而就课堂教学而言，教师要关注的是学生的获得，而不是教学设计的完成，这才是真正的以学生为本。而只有在以

学生为本的基础上，才能谈得上张扬学生的个性。

小课题研究更注重培养学生的自主性和创造性这些品质，更强调让学生自主参与各种活动。如探索研究课型活动中，强调让学生以自己独特的方式去探究、去发现、去思考、去解决问题，从而发展学生的自主性和创造性，同时也注意让学生学会分享与合作。在校外实践活动课型里，更注重学生获得体验的过程，注重让学生自主参与丰富多彩的实践活动，从不同的角度、采用不同的方法、通过不同的途径去探究、去发现、去感悟，在获得体验的同时，还获得自尊与自信。让学生能够自觉地反思自己、认识自己，不断自觉完善自己的个性和品质。

新一轮课改非常强调学科的综合性，因为综合有助于建立结构全面的知识体系，利于培养学生全面看问题的能力。事实上，生活中各种知识本来就是融会贯通的，分科只是为了更系统地学习。我们的小课题研究教学也要力求达到利用学科知识帮助学生解决劳动中遇到的问题，同时在实践中进一步学习、巩固其他学科知识，能实现有效互补，可以促进学生综合素质的更大提高。

小课题研究的思考 ①

小课题研究具有开口小、周期短、易实施、见效快的特点，与传统实验研究追求共性的效果相比，小课题研究对学生的个性发展提出了不同的要求。它要求学生是活动的主导者和主体，对活动的开展具有绝对的支配权，可以自主建立团队，充分发挥学生的综合能力，共同进行课题研究。小课题研究已在中小学校蓬勃开展。通过小课题研究的开展，笔者发现，在具体的操作中也出现了一些问题，应该引起我们的重视。

---

① 选自《综合实践活动研究》2013年第4期，肖安庆《小课题研究的"大问题"》。

▣ 现象一：谁在做研究？

有的小课题研究为了聚拢上级领导或者吸引社会的"眼球"，在实施中教师跨越推进，越俎代庖，包办代替，一味地苛求学生去搞像模像样、有板有眼、五脏俱全的研究活动，把自己的意志强加给学生；一味地追求形式的新潮、花样的翻新、呈现的完美，而置活动的"主角"于不顾，忘了活动课程的"本"。

一、反思——结果不是最重要

对学生来说，小课题研究的方向和研究的结果不是最重要的，重要的是培养他们发现问题的意识和初步了解科学研究的方法，以及主动探究的欲望，为研究性学习的推进开个好头，积累感性认识，打牢基础。

二、对策——亲历探究过程，培养研究能力

我们要给予学生最大限度的自主，引导学生用一种类似科学研究的方式去主动获取知识，应用知识，解决问题，获得发展。

1. 自由结合，成立研究小组

小课题研究一般是以小组合作的形式进行，也允许个人"单兵作战"。因此，老师在让学生自主选题的基础上，可以提议题目内容相近的4～6名学生自愿组成一个课题研究小组，小组内自行推选组长，组长负责小组成员的研究分工以及与老师的联络。在组织课题小组的过程中，既要考虑每一个成员的兴趣，又要考虑他在课题组内分工负责的研究任务。研究小组成立以后，学生可以根据课题的主要研究内容自行选聘校内相关学科教师作为老师，也可以选聘校外社会人士担任老师。

2. 学会选择，制订研究计划

老师要指导学生自主选择、分工合作、研究制订计划，如小组怎样分工与合作，怎样有针对性地调查访问、观察发现问题、寻找解决问题的办法或设想，怎样收集和整理资料，怎样随时记录自己的感受和体会，怎样对数据进行统计和分析，怎样查阅资料撰写研究报告或调查报告等。在这个过程中要始终

体现出自主性：学生研究的问题由他们自己来确定，计划由他们自己来制订，决定权由他们自己来行使，教师只是组织者、指导者、合作者，与学生处于平等的地位。无疑，这些举措和谐了师生关系，增强了学生的自信心和自豪感，强化了学生的问题意识和创新意识，为学习探究做好了铺垫。

3. 提出问题，学会主动探究

古人云："学起于思，思源于疑。"所以，要善于启发学生提问，并教给他们提问的方法，使其善于提问，主动探究。如四年级一班开展了一个"为了拥有一双明亮的眼睛"的小课题研究，课题研究中学生提出了一系列的问题：您认为自己近视的原因是什么？在近视前您知道怎样科学用眼吗？近视眼给您的学习和生活带来了哪些不便？您采取了哪些办法来防治近视？等等。学生提出的问题很多，所提的问题也正是课题研究的重点，这样一来，学生的主体作用得到了发挥，教的任务变成了学生主动探究的需求。在提出问题的基础上，研究小组利用课外时间分头到附近各校对各个年龄段学生的近视形成情况进行了问卷、采访调查，还到市人民医院采访了眼科专家，摸清了近视的原因及防治的办法。同时对城区内八九家眼镜店进行定点观察，以确凿的数据对眼镜的质量提出了疑问，最后建议相关部门对城区的眼镜店加强规范管理，提高眼镜质量和合格率；呼吁同学们为了拥有一双明亮的眼睛，人人应该时时注意用眼卫生，加强锻炼，预防近视。

我们欣喜地看到，小课题研究使学生从学校这个"小天地"走进了社会、自然界这个"大课堂"，学生在亲历探究中施展才华、磨炼意志，去体味、领悟、发展和创新。

4. 适时推介，交流研究成果

小课题研究结束了，结论有了，就可以申请结题。成果可以用小论文、图表、模型、实物、调查报告、实验报告、心得体会、录音、录像等不同形式展示，不拘一格。根据年级的不同，小课题研究成果的表达也可以是书面的或口头的形式。但表达前首先要学会筛选整理资料，加工处理信息，验证研究目标，并以研究报告、调查报告、实验报告或对策建议、结果展示等形式表达研究结果。在这样的基础上举行成果评价鉴定会，对学生来说本身就是一个学习的过程。

学生通过自主选择、自主探究、自主管理小课题研究，更加从理性上懂得了科学探究的内涵，掌握了科学研究的方法，增强了合作意识和创新意识，提高了动手实践和自主探究能力。

现象二：课题内容真实吗?

有的课题内容华而不实，只是为研究而研究，为功利而研究。主要表现在有的课题大而不当，离学生的实际需要很远，学生很少有实力、有精力去完成；有的课题弄虚作假，移花接木，张冠李戴，大搞形式主义；有的课题研而无效，研究价值不大……久而久之，学生的研究兴趣大受影响，研究的效果可想而知。

一、反思——提出问题比解决问题更重要

"选题"是学生进行小课题研究活动的灵魂，课题的选择、确定直接决定了课题研究的方向和命运，甚至影响到整个课题研究的成败。因此，如何准确地提出一个问题或确定一个研究方向，往往比着手去研究更为重要。

二、对策——四宜四不宜

小课题研究的内容是开放的、灵活的、多样化的，它体现着对社会生活、传统文化、自然环境的研究，应从"小"处着眼，"真"字着手。笔者觉得应把握好以下四个原则。

1. 宜小不宜大

老师指导学生选择课题时，更应注重来自生活中的细微问题和猜测。如"零用钱调查""食堂浪费调查""近视调查"等，都和学生的生活有关。小课题研究应避免"大而空，大题小做"的弊端，宁可做到"小而深，小题大做"，使研究为学生现在和将来的幸福生活服务。

2. 宜近不宜远

小课题研究要着眼生活。"生活即教育"，我们在选题时要从学生自身的真实生活世界入手，从学生成长的需要出发，做生活的有心人，提出一些问

题，一起开展活动，一起收获成果。如学生选择的"变废为宝""小水果，大创意""校门口的交通安全"等小课题研究，非常贴近学生的日常生活，十分有利于调动学生的积极性。

3. 宜浅不宜深

选择课题要从学生的知识、能力水平和完成课题研究的条件出发，量力而行。如开展的"同龄人的零用钱""塑料袋的利与弊""饮食与人体健康""学生上网利与弊"等小课题，这样的课题学生能研究，也乐于研究。

4. 宜新不宜旧

在课题的选择上，应当关注社会的焦点及生活中的新鲜事物，尽量避免生活中常见的或者是已有很多人研究的问题。比如说，在"手足口病"高发期，"手足口病"影响着我们正常的工作与生活，我们可以以这个为例，对"手足口病"这个专题进行研究。研究内容可以包括："手足口病"是一种怎样的疾病？"手足口病"研究的进展情况如何？新闻媒体做了怎样的报道？这样的选题对学生来说更具有挑战性和研究价值，也更容易激发学生的探究欲望。

现象三：为什么没有课题评价？

不少小课题研究都把主题的确定、成果的展示作为重点，而忽视了评价功能。致使学生在小课题研究中的表现好与坏一个样，即便有评价，也是蜻蜓点水似的草草了事，失去了评价的激励功能。课题评价的"缺位"，导致课题研究实施失去了"约束力"，对学生失去了"吸引力"，小课题研究自然就没有了"生命力"。

一、反思——课题研究不能没有评价

评定学生参与小课题研究的态度和主动性以及小课题研究成果是非常必要的，它对促进小课题研究向更深层次发展起着积极推动作用。所以课题评价一定要"到位"，以课题评价的"约束力"为课题研究的推进保驾护航。

二、对策——开展有效评价，提升研究自信

笔者认为，对待小课题研究，学生的广泛参与就是目的，在过程中获得了积极的体验就是成功。所以，小课题研究的评价应关注过程，兼顾结果，强调

评价过程全面、评价项目多元、评价形式多样。

1. 评价过程全面

评价要贯穿于小课题研究的全过程，即开题评价、中期评价和结题评价。其中，重点是对探究过程进行评价，以评价提自信、以评价促发展。

2. 评价项目多元

评价的内容要丰富些、完整些，包括评价学生的参与程度、合作精神、收集信息与处理信息的能力及成果表达等。例如，通过学校广播站开通"小课题研究热线"，每周轮流介绍各班进展情况并帮助学生征集资料和发布信息；各班还成立了"小课题评委会"，主要职责是调整、扩充小课题，指导帮助各个研究小组整理资料，形成研究报告；定期组织讨论交流和总结，公布各个小课题的研究进展情况；学校每学年组织一次成果展示会，为学生提供相互学习和交流的机会，让学生学会发现别人的闪光点。

3. 评价形式多样

对小课题研究的评价手段、方法要多样化。例如，可以采取教师评价与学生自评、互评相结合，对小组的评价与对个人的评价相结合，对书面材料的评价与对学生口头报告、活动、展示等形式的评价相结合，定性评价与定量评价相结合等，最后由研究评定小组进行总评，得出科学鉴定，并对每个学生最闪光的一面给予恰如其分的命名，如"调查能手""探究之星"等，使每一个学生都能体验到成功的喜悦。

小课题研究是一种开放式的学习活动，也是一种适合学生的学习方式，它是活动课程的有效载体。在教学实践中，每一个活动老师都要不断反思，努力让学生的小课题研究更规范、深入、有效，使小课题研究真正实现"从学生中来，到学生中去"，让学生在"小课题研究"的引领下快乐成长。

肖安庆

2020年1月29日

第五章　结题：小课题的研究成果的表达形式 \ 81

第六章　推广：小课题研究成果交流推广的指导 \ 107

特性：
小课题"小"在哪里

所谓小课题研究是指教师在短时间内以自己在教育、教学实践中遇到的问题为课题，由教师个人或不多的几个人合作，运用科研的方法，以教育教学中具体问题为研究对象，以问题的解决为研究目标的课题。

本章的内容包括：

（1）何谓小课题研究。

（2）小课题研究的特点。

（3）小课题研究的类型。

（4）小课题研究的评价。

第一节　何谓小课题研究

为了解决在实际教学中遇到的某一问题，我们会通过查阅资料或向有经验的教师请教，看看别人是如何解决的，回过头来再根据自己的工作实际，有选择地进行借鉴，问题就迎刃而解了。这一过程如果去好好地梳理、总结一下就是一项很有成效、很有针对性、很有价值的小课题研究。作为一名教师，做起研究来有得天独厚的条件，因为我们终日和学生在一起，时刻捕捉着鲜活的教学案例，应对着各种各样复杂多变的教育情境。这些实践经验都是我们的"财富"，如何让这些"财富"有效地指导我们的教育教学工作，使它的价值最大化，那就只有通过科研的途径去梳理、总结、提升。而小课题研究就是一种基于实践层面、能看得见摸得着的，低起点、低要求、低重心的草根式研究。

"小课题"也叫"微型课题"，是课题的最基本形式，是一种有别于"学术派"的非正式的教育研究活动，它关注自身教育教学中有意义的选题，关注日常教育教学中有价值的困惑。这是一种短、平、快的研究形态，是研究者采用一般的科学方法或合理手段对细微的教育问题进行观测、分析和了解，发现日常生活中常见的教育现象之间的本质联系与规律的认识活动。"微型课题研究"也称作微型科研，是指把日常教育教学过程中遇到的问题，即时梳理、筛选和提炼，使之成为一个课题，并展开扎实的研究。研究主要关注教育教学细节，研究内容是教育教学实践中碰到的真问题、实问题、小问题，研究的周期短，见效较快。微型课题研究以"小切口、短周期、重过程、有实效"为基本特征，以"问题即课题、对策即研究、收获即成果"为基本理念。

"小课题"的关键词是"微型"。为什么不用"微小"而用"微型"呢？"型"有"成型"的意思。首先，问题要成型。微型课题研究的是具体的小问题，但又不是个别的、即时解决的问题，而是能由点及面，推而广之，成为某一"类型"的问题。例如，"一道平面几何题的多种解法研究"，对象过于细小，属于个别问题，并且一堂课内可以解决，因此不能成为"微型课题"。其次，结果要成型。微型课题研究的成果除了用报告、论文的形式表达，还可以用教育叙事、随笔、案例等形式表达。尽管后者比较自由，但也需要有一定的规范，要成型，要有聚焦的问题，要有对核心词的界定，以及研究经过、操作经验的叙述，体验或感悟的总结等。研究中不只是寻找问题的答案，还需要用到一些常用的课题研究方法，只是要求"微"，相对简单，不追求方法自身的严密性，不强调研究的学术性、规范性，不一定需要教育科研机构的认定。它是一种平民化、草根化、大众化的研究样式。

我们给它这样定义：作为教育活动"当事人""实践者"的教师，自觉针对自身教育教学实践中的某些问题、话题，进行持久关注，不断反思追问，积极进行改进、实践的研究性教育行为。通俗地说，是以教师在自己的教育教学实践中遇到的问题为课题，运用教育科研方法，由教师个人或不多的几个人合作，在不长的时间内共同研究，取得结果，其研究结果直接被应用于参与研究教师的教育教学实践工作中去，并取得实效的教育科学研究。

第二节　小课题研究的特点

小课题研究属于普及性研究，即发生即研究，不需要固守研究的时间，什么时候明白了，豁然开朗了，生成新的理念、思路、方法、手段了，就可以结题了。它源于真实的教育教学问题，比如"怎样激发学生的学习兴趣"等。也许这些问题看似老生常谈，无法立项，但它们恰恰是众多一线教师在日常教育教学活动中遇到的最为迫切的问题，其中的价值与意义也只有教师自己能真切感受。

一、小

即微小。就是以小步子推进。从小事、小现象、小问题入手，关注的是教育教学问题中的"某点"或某个细节，并由此层层深入，不断探究，寻求解决问题的最佳途径，从而达到研究的目的。如分数教学中"怎么解决学生理解除法与分数之间的联系"等。由于切入口小，能跟具体的教育教学融为一体，所以适合一线教师。研究的范围小、问题微、人员少、时间短、成本低，这是微型课题研究最显著的特点。

二、活

即灵活。首先，实施流程没有规划课题那么复杂。其次，在组织形式上，可以单独研究，也可以合作研究。最后，选题灵活、自由，可以重复。可以说微型课题研究没有固定的研究模式，没有强制的操作流程，人人都可以研究，时时都可以开展，处处都可以进行。

三、实

即实在。研究要重实践，讲实用。首先，选题"务实"，要立足教育教学实际。其次，过程"踏实"，要在教中研、研中教，不游离于教育教学实践之外。最后，成果"真实"，强调在"做得好"的基础上要"写得好"。

四、平

即符合当地、当时教师的研究水平。微型课题研究对研究技术水平、理论水平要求不高，教师学得懂、做得会、用得上。

五、快

即见效快。研究周期短，问题解决快。少则两三个星期，最多一个学年。如在教学识字写字中"如何激发学生识字写字的积极性"等，这些问题的解决最多用两三个星期或几次课就可以见效。这种周期短、见效快的研究，最容易让一线教师品尝到研究带来的甜头，有一种成就感、幸福感，同时还会激发对下一个课题研究的渴望，所以说小课题研究最适合一线教师。

第三节　小课题研究的分类与原则

一、小课题研究的分类

中学生小课题项目按项目申报者人数分为个人项目和集体项目；按年龄段分为初中项目和高中项目；按研究学科分为数学、计算机科学、物理学、地球与空间科学、工程学、动物学、植物学、微生物学、医学与健康学、化学、生物化学、环境科学、行为与社会科学等13个学科。

表1-3-1　小课题研究项目的分类解读

类别	解读
数学 （MA）	指形式逻辑或各种数字及代数计算的开发，以及这些原理的应用，包括微积分、几何、抽象代数、数论、统计学、复数分析、概率论等
计算机科学 （CS）	指计算机硬件和软件工程设计与开发，包括互联网技术及通信、计算机制图技术（包括人性化界面），仿真/虚拟现实技术，计算科学（包括数据结构、加密技术、编码及信息理论）等
物理学 （PH）	指能量及其与物质作用的原理、理论和定律，包括固态物理、光学、声学、粒子、原子物理、原子能、等离子体、超导体、流体和气体动力学、热力学、半导体物理学、磁学、量子物理学、力学、生物物理学等
地球与空间 科学 （ES）	包括地质学、矿物学、地貌学、海洋学、气象学、气候学、天文学、洞穴学、地震学、地理学等
工程学 （EN）	指直接将科学原理应用于生产及实际应用的项目，包括土木工程、机械工程、航空工程、化学工程、电气工程、摄影工程、音响工程、汽车工程、船舶工程、制热与制冷工程、交通运输工程、环境工程等
动物学 （ZO）	指对动物的研究，包括动物遗传学、鸟类学、鱼类学、爬虫类、昆虫学、动物生态学、古生物学、细胞生理学、生理节律学、畜牧学、细胞学、组织学、动物生理学、无脊椎动物神经生理学、无脊椎动物研究等

续　表

类别	解读
植物学（BO）	指对于植物生命的研究，包括农业科学、农业经济学、园艺学、林学、植物分类学、植物生理学、植物遗传学、植物溶液培养、海藻等
微生物学（MI）	指有关微生物的生物学，包括细菌学、病毒学、原生动物学、真菌学、微生物遗传学等
医学与健康学（ME）	指对于人类及动物的疾病和健康的研究，包括牙科学、药理学、病理学、眼科学、营养学、公共卫生学、儿科学、皮肤学、过敏反应、语言与听力等
化学（CH）	指对物质性质和组成以及其所依从的规律的研究，包括物理化学、有机化学（不含生物化学）、无机化学、分析化学、材料化学、塑料、燃料化学、杀虫剂、冶金学、土壤化学等
生物化学（BI）	指生命活动进程中的化学，包括分子生物学、分子遗传学、光合作用、血液化学、蛋白质化学、食物化学、激素等
环境科学（EV）	指对于空气、水及土地等资源污染源及其控制的研究、生态学等
行为与社会科学（SO）	指通过观察和实验来研究人和动物的行为与反应，人类社会中的个人之间、个人与社会之间的关系的科学，包括社会学、人类学、心理学、考古学、教育学、动物行为学、人种学、语言学、城市问题等

　　科学研究工作的本身就是一个不断提出问题和解决问题的过程，选题是科研工作的真正起点。选择什么课题和如何选择课题，这是整个科研工作的第一步，对日后的科研工作具有战略性意义。它决定科研工作的主攻方向、奋斗目标，规定应采取的方法和途径。正因如此，科学家们都十分重视科研选题。著名科学家维纳说过，知道应该干什么，比知道干什么更重要。选题是科研工作的强大动力。因为许多有价值、有吸引力的课题会激发研究人员去思考、去学习、去研究，问题总是在研究活动的前方，是未知世界的最早的拓荒者，也是全部科学探索的出发点。选题是一项重要的研究工作。选题并不是一个简单随意的问题，而是有价值、有意义的科学问题。从这个意义上说，提出一个科研选题比解决一个现实问题更困难。因为选到一个有价值、有创造性的课题，既要懂得课题的来源，又要有相当的科学素养，要理解选题的价值意义，要富有想象力，对选题要有浓厚兴趣，有相当的知识储备等。选题是科研人员才能的体现。选题不仅直接关系将产出什么样的成果，甚至关系科研工作的成败。科学史表明，研究成功的影响因素多种多样，其中一个最明显的原因是选题得

当，研究者只有选出恰当的课题，才有成功的可能。由于选题得当，科研人员可以把自己的学识、智慧用到最有效的科研工作上。从培养研究能力的意义上说，特别是新参加科研活动的青年科研人员，需要有意识地培训选题能力，这是从事研究工作的一项基本训练，是科研人员的基本功。第二步，是科研选题的角度。发现有价值的科研选题是一个创造性的思维过程，也是一项灵活的研究艺术。事实上，在社会生活中，各门学科中存在大量可供选择的问题。

哲学家、逻辑学家金岳霖常说，他对逻辑的兴趣是在"巴黎街头"产生的。1924年的一天，金岳霖和张奚若等在巴黎大街上散步时，遇到一群人在激烈辩论，引起他的好奇，他想有没有一个可靠的（逻辑推理）解决争论的办法。以上概括的各项来源，仅是选题中可供参考的若干方向、线索，并不能包罗所有研究方向和课题，对于错综复杂的社会现象，值得研究的课题层出不穷。能否选择恰当的课题，需要科研人员有勇于探索的精神和创造才能。科研工作面临的问题，可以说无穷无尽，对于一个科研人员来说，只能选择其中适当的课题。

二、小课题研究的原则

小课题的提出是相对而言的，它主要是从研究的内容与周期来说的。更多地关注教学的细节，能够短期内对某些教学现象产生积极反应与进行正确的表述，把教育问题的学术研究拉回到鲜活的现实中，回到课堂，回到教师内心中去。小课题研究应坚持如下原则。

1. 目的性原则

科研选题首先要解决的问题应当是"为什么"，目的性是选题工作的首要原则。选题最根本的目的是满足社会的需要，党的十三大曾明确指出，发展科学技术的首要任务就是振兴经济。当前，我国经济建设、社会发展正以更大规模向着广度、深度进军，需要解决和研究的课题越来越新、越多、越复杂和越困难。比如能源问题、交通问题、粮食问题、管理问题、贸易问题、就业问题、人口问题、人权问题等，解决其中一个现实问题，就是一种贡献。科研一定要满足社会需要，才会有真正前途。与选题的目的性、需要性相联系的是课题的价值性。只有科研课题所要解决的问题是有价值的，比如经济价值、社会价值、理论价值、学术价值等，才会达到满足社会需要的目的。所以课题的价值性就成了衡量选题目的性、需要性的标准，在选题中，目的性原则、需要性原则、价值性原则是一致的。在选题中，贯彻目的性原则应当注意到以下几方面的问题。第一，一般选择实用性较大的课题。第二，既要注重当务之急的课题，也要重视科学预测的课题，现实需要与长远需要相结合。第三，理论研究和应用研究都重要。第四，充分利用本地区、本部门的条件，同时注意利用外来条件。第五，积极开展和承担协作课题，特别是官、产、学三结合的研究课题。怎样才能使选题达到目的？在选题中贯彻创新性原则至关重要。

2. 创新性原则

科研的本质就是应当具有创造性，评审科研成果质量的最重要原则就是看成果有无创新，因此，科研选题从一开始就应当充分注意到这一点。国家对学位论文有明确要求，其中硕士论文应当有新见解，表现作者具有从事科研工作或者独立担负专门业务工作的能力。博士论文应当是创造性成果。科研选题切忌重复别人解决了的课题。所谓具有创新性的选题，指的是那些尚未解决或未完全解决的、预料经过研究可获得具有一定价值的新成果的课题。如新见解、新观点、新思想、新设计、新概念、新理论、新手段、新产品、新质量、新效益等。创新性具有新颖性、探索性、先进性、风险性等特点。它进一步体现了课题的重要性、价值性。选题中，贯彻创新性原则，关键在一个"新"字上。这种创新的课题在哪里？一般而言，在各种各样的矛盾点上，尤其是新旧之间的矛盾点。比如新事实与旧理论的矛盾，新理论与旧理论的矛盾，不同学科之间的矛盾。这些矛盾突出表现在科学发展的前沿地带，学科之间的空白地带，不同理论观点、学派相争论的地带，研究工作遇到挫折失败的地带等。这需要科研人员目光敏锐，抓住线索，跟踪追击，以求突破。这些要求，对研究工作者来说，一般也是比较困难的。许多有经验的导师在指导学生科研时，常从以下三个方面进行指导：第一，在局部性的课题上具有创新性。即解决一个多因素的大课题中尚未解决的某一个因素，或者有深入、透彻、合理的分析和见解。第二，在别人研究成果的基础上加以扩大，有自己的补充及新的见解或改进。第三，纠正别人的错误。总之，创新性可大可小、可难可易，如何选题，根据各人具体条件而定。选题需要有价值性、创新性，选择并完成这样的课题，不能想入非非，脱离实际，要有一定的科学根据，因此，选题需要遵循求实性的原则。

3. 求实性原则

选题的求实性是指选题要有真实可靠的依据，或者事实根据，或者科学理论根据，即选题要事出有因。任何新课题以至新成果，都是在已有成果基础上提出的，是在继承基础上的创新。从事理论研究，要有一定的事实根据，从事应用研究，要有一定的理论根据，正如生理学家巴甫洛夫说的那样，事实就是科学家的空气，没有事实，永远飞腾不起来。坚持求实性原则就是坚持辩证的唯物主义实事求是的原则。在选题中，不能违背一定范围内由实践检验过的事实和规律，以科学理论为依据，实质上也是以客观事实为依据，以客观规律性为依据。然而，对事实和理论的理解也应当是辩证的。在选题时依据的事实和理论并不是全面的、彻底的，也有一定的局限性，况且都是变化、发展的。随着实践的不断深化发展，新的认识、新的发现、新的发明还会对已有事实和理论进行新的审查，所以，求实中的"实"字并不是僵化的、呆板的。因此，求实性原则要求在选题时，既要尊重事实，又不拘泥于事实，既要接受已有理论的指导，又要敢于突破传统观念束缚，采取辩证的、分析的态度。符合上述三原则的选题，是否就可以着手开题工作呢？还需要分析完成选题的主客观条件，即可行性原则。

4. 可行性原则

科研工作是认识世界和改造世界的一种探索性、创造性活动，总要受到一定条件限制。正如恩格斯说的，我们只能在我们的时代条件下进行认识，而这些条件达到什么程度，我们便认识到什么程度。可行性原则体现了条件性原则。如果选题不具备可以完成的主客观条件，再好的选题也只能是一种愿望，因此，可行性原则是决定选题能否成功的关键。选题必须考虑将要遇到的困难，如理论方面的、技术方面的、资料方面的、各种人际关系方面的等，应当具有解决这些困难的可能性。选题难易不同、工作量不同，一般常犯的错误是选题过大，试图在较短时间内完成一项过大的课题。

第四节 小课题研究的评审

一、小课题研究评审原则

小课题研究要符合"三自"和"三性"的要求。

（1）自己选题：选题必须是作者本人提出、选择或发现的。

（2）自己设计和研究：设计中的创造性贡献，必须是作者本人构思、完成的。主要论点的论据必须是作者通过观察、考察、实验等研究手段亲自获得的。

（3）自己制作和撰写：作者本人必须参与作品的制作。项目研究报告必须是作者本人撰写的。

（4）科学性：包括选题与成果的科学技术意义、技术方案的合理性和研究方法的正确性、科学理论的可靠性。

（5）创新性：包括新颖程度、先进程度与技术水平。新颖程度指该项发明或创新技术在申报之日以前没有同样的成果公开发表过，没有公开使用过，该项研究课题及论文的选题有创意；先进程度指该项发明或创新技术同以前已有的技术相比，有显著的进步；技术水平指课题研究及论文的研究结论所具有的科学价值和学术水平。

（6）实用性：指该项发明或创新技术可预见的社会效益、经济效益或效果，以及课题研究的影响范围、应用意义与推广前景。

二、小课题研究评审标准

1. 科学性

（1）选题与成果具有科学意义；

（2）技术方案合理；

（3）研究方法科学、规范；

（4）科学理论运用准确、合理；

（5）项目符合选手年龄段的思维方式、知识结构和实施项目能力。

2. 创新性

（1）项目选题新颖、独特，创新点突出，有研究价值，实用性强；

（2）项目实施方案科学、方法先进、过程完整，体现创新性思维；

（3）项目申报资料丰富、齐全，研究和分析数据充分，有说服力。

3. 完整性

（1）项目研究达到一定阶段，有终期研究成果或阶段性研究成果；

（2）项目有足够的科学研究工作量（调查、实验、制作、求证等）；

（3）集体项目体现了参与者团队合作精神和各自的工作量。

4. 真实性

（1）项目选题、实施和结论主要由学生提出和完成；

（2）项目大部分由申报学生独立完成，没有弄虚作假的现象。

小课题研究立项评审评分参照标准见表1-4-1。

表1-4-1　小课题研究立项评审评分参照标准

评价内容		评分标准与等级			
		A等 （90—100分）	B等 （76—90分）	C等 （60—76分）	D等 （0—60分）
小课题内涵	选题意义	1.选题方向正确，符合立项； 2.对学生发展有很大的促进作用； 3.有重要的特色、创新性； 4.学术价值高； 5.对提高教学质量和管理水平的实用价值高	1.选题方向比较正确，比较符合立项； 2.对学生发展有一定的促进作用； 3.有比较重要的特色、创新性； 4.学术价值比较高； 5.对提高教学质量和管理水平的实用价值比较高	1.选题方向基本正确，基本符合立项； 2.对学生发展作用一般； 3.有一定特色、创新性； 4.有一定学术价值； 5.对提高教学质量和管理水平有一定实用价值	1.选题不当，不符合立项； 2.对学生发展没有促进作用； 3.没有特色、创新性； 4.没有学术价值； 5.对提高教学质量和管理水平没有实用价值； 6.基本属于重复性工作

续 表

评价内容		评分标准与等级			
		A等 （90—100分）	B等 （76—90分）	C等 （60—76分）	D等 （0—60分）
小课题内涵	研究基础	1.已有相关成果丰富； 2.熟悉研究现状； 3.所列参考文献具有代表性	1.已有相关成果比较丰富； 2.比较熟悉研究现状； 3.所列参考文献比较有代表性	1.已有相关成果比较少； 2.对研究现状有所了解； 3.所列参考文献有一定代表性	1.没有相关成果； 2.不了解研究现状； 3.所列参考文献没有代表性
	课题设计	1.目标明确； 2.内容翔实； 3.论证充分； 4.重点突出，难点明确； 5.研究思路清晰； 6.预期研究成果明确； 7.经费预算合理	1.目标比较明确； 2.内容比较翔实； 3.论证比较充分； 4.重点比较突出，难点比较明确； 5.研究思路比较清晰； 6.预期研究成果比较明确； 7.经费预算比较合理	1.目标基本明确； 2.内容基本翔实； 3.论证基本充分； 4.重点基本突出，难点基本明确； 5.研究思路基本清晰； 6.预期研究成果基本明确； 7.经费预算基本合理	1.目标不够明确； 2.内容空泛； 3.论证不充分； 4.重点不突出，难点不明确； 5.研究思路模糊； 6.预期研究成果不明确； 7.经费预算不合理
	研究方法	研究方法科学、可行	研究方法比较科学、可行	研究方法基本适合	研究方法不科学、不可行
	研究过程	1.负责人和主要成员曾完成多项重点研究课题； 2.原有科研成果社会评价高； 3.完成本课题的研究能力很强，时间有保证； 4.资料、设备齐全； 5.科研手段先进； 6.课题组分工科学、合理	1.负责人和主要成员曾完成1项重点研究课题； 2.原有科研成果社会评价比较高； 3.完成本课题的研究能力比较强，时间比较有保证； 4.资料、设备比较齐全； 5.科研手段比较先进； 6.课题组分工比较科学、合理	1.负责人和主要成员曾完成过一般研究课题； 2.原有科研成果社会评价比较高； 3.完成本课题的研究能力比较强，时间基本有保证； 4.资料、设备基本齐全； 5.科研手段一般； 6.课题组分工基本科学、合理	1.负责人和主要成员未完成过一般研究课题； 2.原有科研成果社会评价不高或没有获得过区级以上科研成果； 3.完成本课题的研究能力差，时间没保证； 4.资料、设备不足； 5.科研手段落后； 6.课题组分工不科学、合理

续 表

评价内容	评分标准与等级			
	A等 （90—100分）	B等 （76—90分）	C等 （60—76分）	D等 （0—60分）
汇报与答辩水平	1.内容全面、正确； 2.表述清楚； 3.重点很突出； 4.回答问题简洁明了、切题	1.内容比较全面、正确； 2.表述比较清楚； 3.重点突出； 4.回答问题比较简洁明了、比较切题	1.内容基本全面、正确； 2.表述基本清楚； 3.重点比较突出； 4.回答问题基本简洁明了、基本切题	1.内容不全面、错误较多； 2.表述不清楚； 3.重点不突出； 4.回答问题答非所问
申报材料质量与上报时间	1.按时上报申报材料； 2.项目齐全； 3.格式规范； 4.内容全面； 5.表述清楚； 6.完全符合填写要求	1.评审会前上报申报材料； 2.项目比较齐全； 3.格式比较规范； 4.内容比较全面； 5.表述比较清楚； 6.比较符合填写要求	1.评审会前上报申报材料； 2.项目基本齐全； 3.格式基本规范； 4.内容基本全面； 5.表述基本清楚； 6.基本符合填写要求	1.评审会前上报申报材料； 2.项目不齐全； 3.格式不规范； 4.内容不全面； 5.表述不清楚； 6.重点内容与填写要求严重不符

优势：
从小问题到小课题

小课题研究是学生自觉主动的研究性学习活动，是对知识主动探索，并注重解决实际问题、提高综合实践能力和培养创新精神的学习方式。它为学生构建开放式的学习环境提供一个多渠道获取知识、提高各种能力和科学素养最有效的途径和载体。

本章的内容包括：

（1）问题从哪里来。

（2）将"小问题"转化为"小课题"。

（3）选题的原则和策略。

（4）选题的常见误区及对策。

第一节　问题从哪里来

当今社会是信息爆炸的时代，高速发展的科技使我们的社会、经济、文化和日常生活等方面发生了巨大变化，这种变化还将持续并不断加速。传统的学习方式和学习途径主要是在课堂上听老师讲课，是一种被动接受型的学习方式，这种学习方式已经不能适应信息爆炸的时代。因此，只有让学生转变原有的被动接受型学习方式，更主动地、创造性地学习，才能跟上时代的步伐。

小课题研究是学生适应社会发展的要求，也是改革教育现状的需要。小课题研究源于学生对周围事物认知的疑惑，学生在日常学习、生活中应大胆质疑，认真求惑。

一、从日常生活中找问题

生活是知识的源泉，是智慧的源泉。中学生的生活丰富多彩，思维非常活跃，好奇心、求知欲极强。成年人司空见惯的事情对学生而言却是新鲜和值得研究的问题，老师应鼓励学生做生活的"有心人"，关心自己身边发生的一切，对水质、垃圾、噪声、食品等环境问题，对动物、植物和微生物等生命问题予以足够的关注，从对校园生活和社会热点问题的观察思考中获得灵感，并及时选择其中合适的问题展开研究活动。

例如，学生可以从日常生活中发现以下问题：中学生早餐营养问题研究，珍珠奶茶的成分研究，垃圾为什么要分类，中学生早恋情况调查，为什么常吃油腻食物容易长胖，关于路边临时停车收费、电子不停车收费和银联无感支付的停车收费方式的研究报告等。

二、从自然环境中找问题

实践是人们学习知识的源泉，也是学习知识的动力。学生要从课本中、教室里解放出来，走出课本、走出教室、走出学校，到社会中去，积极参加社会实践活动，开拓视野，增长见识，锻炼自主探究能力和社会交往能力，并在实践活动和周边环境中发现问题，获取课题研究的灵感，展开研究。中学生有一定的知识基础和实践能力，要多亲近大自然，探悟大自然的奥秘。黄河水为什么那么"黄"？肇庆七星岩为什么会有精美绝伦的溶洞？雾霾是怎样产生的？等等。

三、从学习活动中找问题

学生的日常学习活动主要是课堂的学科学习和课外拓展学习。学科学习是学习的主要内容，占据学生大量的时间。就学生的发展而言，仅仅掌握学科中最基本的知识是远远不够的。教师应该从学科教学出发引导学生从课外拓展活动中寻找问题。如珠江水质的调查研究、罗浮山草药种类和性能的调查研究、室内装修污染的产生和消除、客家娘酒的酿制工艺研究等。

四、从社会热点中找问题

随着科技的迅猛发展，社会不断进步，日新月异，学生在学习课本知识的同时，要及时了解时政，关注当前社会热点，应用所学去发现问题、解决问题。例如，近期"非洲猪瘟"疫情比较严重，猪肉供给较为紧张，肉价上升，必然给人们的日常生活带来影响，可以针对这一社会热点开展"非洲猪瘟疫情对食品消费市场影响调查"。2019年是中华人民共和国成立70周年，全国各地开展丰富多彩的活动庆祝新中国成立70周年，人们的收入不断增加，生活水平不断提升，获得感、幸福感不断增强。就此开展"我和我的祖国主题活动调研"，在调研中不断提升爱国热情，增强民族自尊心和自豪感。

第二节　将"小问题"转化为"小课题"

　　问题不是课题，但是课题是问题转化来的，即"问题课题化"。一旦学生追踪某个问题，或关注"他人的经验"并借鉴他人的经验来解决某个问题，这个问题就成为课题，这个过程就是小课题的研究过程。由此可见，学生的问题意识是找准问题的第一步，而找准问题是确定好课题的前提条件。这样，立好课题就成为发现问题、分析问题、解决问题的思考过程。

　　问题意识的养成有赖于学生质疑、反思习惯的形成。苏格拉底说："没有反思的生活，是不值得过的生活。"美国学者波斯纳提出个人的成长公式：个人的成长=经验+反思。可见，学生通过反思，才能唤醒自我，检验自我，做到法国哲学家笛卡尔所说的"我思故我在"，从而为学习知识打下扎实的基础。

　　有了问题意识，就容易发现问题。那么，问题从何而来？在教学实际中生成问题。一是源于教学疑难中。当我们将课堂转化为学堂后，便会弯下身来倾听，听师生对话、生生对话、生本对话。对话过程中会发现教师的预设与实际效果之间存在着差异，会发现教师与学生、学生与学生之间在目标或价值取向上的不一致性，会发现不同人群对同一教育行为存在不同反应。在这些芜杂的信息中，需要教师有敏锐的思维，引导学生从现象中发现问题，从而实现问题源于课堂，解决于课堂，又服务于课堂的目标。二是源于教学场景中。郑金洲先生在《教师如何做研究》中有一段论述："中小学教师与专业研究者一个根本的区别，就在于中小学教师一直生活在教育教学实际的现场，是在现场中感受教育事实，生发教育理念，提升教育智慧的。而教育现场是教育问题的原发地，是问题产生的真实土壤，进入教育现场的教师对教育现场所作的任何真切而深入的分析，都有可能滋生大量的待研究问题。重要的是，教师要认识到，自身研究的问题实际上大多并不是源于理解材料的占有和分析，而是教育实践场景。可以说，真实的教育场景既是研究得以进行的主要依托，同时又是发现问题的重要所在。正是教育场景蕴含了大量的甚至是无穷尽的待研究的问题。"这里的教育场景，不能狭义地理解为课堂，应将其外延拓展到与教育教学有关的场景。

当在教学实际中，学生发现问题，凭借经验可以解决，这些问题就不成为课题了；当遇到的教学问题，需要教师引导学生追根溯源、借鉴他人的经验，并制定方案，在实践中身体力行加以解决，这个过程就是一种研究的状态，这些问题就成为小课题。

第三节　选题的原则和策略

小课题研究既是一种综合性的实践活动，也是一种特殊的学习活动。适当开展小课题研究，对于改善传统教学中教与学的主客体地位，平衡学生知识与能力、理论与实践的关系，弥补传统课堂教学的不足，培养学生的探究意识，提升学生综合素养，有非常积极的意义。

一、选题的原则

1. 情境性原则

学生应该在教师创设的问题环境中，自主选择具有一定张力的背景环境，主动发现营造问题的氛围，促使自己形成积极研究问题的欲望。随着认知水平的提高，问题背景环境的指向性应趋于广域、综合和多向性。学生应该力争从教师在课堂上创造的具有张力的问题背景环境（包括生动的语言、鲜活的图像、抽象的表格、科学的实验等方式）获得启发，引发自己选题创意的产生。此外，学生也可力争由教师带领走出校园，从参观学习、考察调研、参与实践等问题背景环境中获得启迪，直接在老师精心设置的社会问题背景环境中获得体验，受到激发，产生创造联想，从而提出有价值的选题创意。

2. 现实性原则

老师提供的问题环境背景和学生有待发现的问题一般都是现实存在的，我们发现的问题应该是可以感知的。学生应注重在老师的引导下，关注发生在身边的自然、生活和生产现象，特别是结合乡土环境、社会热点和当今科技发展，不断寻找和发现需要研究和解决的问题，这样提出的选题创意才有社会意义和时代价值。

3. 拓展性原则

老师提供的问题环境背景一般是根据学生认知水平和能力设置的，能够使学生的认知水平和能力得到提高，且不断地扩大和充实。所以，学生自主创设的研究专题也应该相应向多边、综合和具有层次性的方向发展。拓展性原则要求专题选择的问题环境和问题创设的空间由课堂扩展到学校、社区，进而扩展到整个社会和大自然；课题研究的内容和知识理论也由单一学科扩展到多学科交叉，或自然科学和社会科学的交叉，从而不断拓展课题研究的深度和广度，提高课题研究的水平，并使自己学会学习和掌握科学的研究方法。

4. 自主性原则

学生通过对问题环境背景的积极感悟和深刻理解，自主发现问题，创设研究专题并开展学习。自主性研究专题可以是个人的自主创设，也可以是多人或团队的自主创设；课题研究可以独立实施，也可以组团分工实施。因此，学生应在教师的指导下，完善自己的自主创造行为，培养自己的创新精神和实践能力。

5. 科学性原则

学生自主创设的研究课题和实施计划应力求符合科学原理，符合资源条件，具有较强的可操作性。在课题研究的过程中，建立评价和修正体系，这种体系应该由学生、教师和专家构成，通过学生与学生、学生与教师、学生与专家的多边多向的讨论交流和批评进行修正。这样，学生自主创设的研究性课题才更趋于科学化、合理化并切实可行，达到培养和提高学生的科学品质和科学态度的目的。

6. 实践性原则

学生创设研究课题的过程必须是理论和社会、科技和生活实际相联系的过程，必须通过自主的实践过程发现问题，在具体实践中设计和开展研究并获取解决问题的方式、方法。学生通过实际观察、现场勘测、取样试验、调查访谈、查阅资料、统计验算、比较分析、推理论证等综合实践过程，发现问题，研究问题，解决问题。在实践过程中，学生应多征求教师的意见，使实践活动的针对性更强，效果更突出。

学生在教师指导下自主选择研究专题时，情境性、现实性原则是前提，拓展性、科学性原则是保障，自主性、实践性原则是核心。

二、选题的策略

学生开展小课题研究实际是在进行行动研究，这种研究获得的成果可以马上应用到生活实践中去，具有最为显著的效果。小课题研究要注意以下几个问题。

1. 研究课题要从自己的学习和生活实践中来

研究是为了解决实践中遇到的一时难以解决的问题，选题切忌跟风盲从，见别人做什么自己就做什么，离开自己经营的土壤，架空种植，不可能有收获。

2. 课题涉及的范围要小

课题只涉及一个学科，一个方面，一个环节；一种途径，一种策略，一种方法，等等。比如，可以是语文教学，可以是语文教学中的阅读教学，可以是阅读教学中的句子教学，可以是句子教学中的长句子教学；可以是数学教学，可以是数学教学中的应用题教学，可以是应用题教学中的行程问题教学，可以是行程问题中某种类型问题的教学，等等。切忌求大求全，好高骛远。

3. 课题涉及的内容自己比较熟悉

研究需要的理论和实践资源，自己有一定的储备或者容易找到，这样研究起来不会感到十分困难。不宜跟风攀比，勉强去搞那些自己非常生疏的课题。

4. 课题要有一定的价值

（1）要有实用性，有利于提高自己的认知水平。

（2）要有新颖性，课题是别人没有研究过的，或者是研究不够全面、不够深入的，你的研究有可能超越他人，因而具有一定的启发性和指导性。

（3）要有普遍性，小课题研究可能是某个具体的实际问题，但研究不能就事论事，必须以小见大，在具体问题中找到一般规律。也就是说课题虽然具体，但也能够引申出普遍规律。

第四节 选题的常见误区及对策

选题并明确研究问题，是课题研究过程中尤其重要的一个环节，选择并提出一个好的科研问题是确保课题研究科学、合理、有效的前提和基础。研究题目的具体表达，是一篇科研论文思想的高度总结。题目不仅可以表明所要研究的主要目的、内容和对象，还规范了研究的范围、思路和方法。纵观中学生提交的小课题研究报告，在选题上仍然存在着一些不容忽视的问题。

一、选题的常见误区

1. 选题过大，难于对研究问题具体分解

小课题研究的选题原则之一，是要避免选题宏大、笼统、范围不明确，在中学生小课题研究中仍旧存在选题过大的问题。例如，"中美贸易战对中国经济的影响""珠三角和粤东西北教育发展的差异性研究""客家文化的渊源和发展""一线城市的婚姻情况调查"等，这些选题范围过大，比较笼统。选题范围过大导致的重要问题是具体研究难于和题目有效对应，难于对研究问题进行具体分解，势必造成研究的具体内容不明确，研究的具体内容和主题内容不一致，以及研究工作量过大或者抽样缺乏代表性等一系列问题。例如，中美贸易战牵涉的领域很广，包括工业、农业、进出口和服务业等方面，如果在研究中只提及农业和进出口两个方面，显然不能覆盖题目所阐述的范围。

2. 主题表述不清，概念模糊

课题名称的表述要简练、准确，要使用科学概念和规范用语，不要使用具有文学色彩的修辞手法。课题名称要尽可能涵括研究的对象及范围、研究的内容和方法，尽可能使用陈述句。一旦确定了某个研究主题，在主题的表述上

尽量避免一些"细节错误"：一是使用宣传口号式的祈使句。比如"关注学生的创造性思维""大力提倡以人为本的教育观""为了中华民族的伟大复兴""为了每一个孩子的发展"等。研究主题在表述上一般为陈述句或疑问句，应避免使用宣传口号式的祈使句。但是，这并不是说所有的研究论文都不能使用祈使句作为标题。教育口号以及相关的教育宣传当然是重要的，但小课题研究的主要目的只是解决、研究某个问题，这个研究是否规范或有价值尚待评审委员会作出评审，所以不宜以教育口号的方式表述自己的研究主题。一般而言，比较严肃的课题研究报告主题不宜采用"祈使句"的形态，应该尽可能采用陈述句。常用的形式是"论……"或"……研究"。二是在主题中看不到研究的关键词。一般而言，课题的主题由论文的主要观点中的关键词加上研究方法构成，比如"高中生诚信教育的行动研究""高中二年级学生阅读质量的实验研究"等。三是文不对题或题不对文，即主题的范围与正文的实际内容和方法不对称。比如论文的正文主要讨论"小学三年级学生诚信教育"问题，但标题却表述为《中学德育的行动研究》。或者论文主要采用的是调查研究，应该表述为《某市高中任务型外语教学的调查研究》，但由于研究者误以为自己所采用的研究方法是行动研究，实际呈现为《某市高中任务型外语教学的行动研究》。

在学生提交的小课题研究报告中，主题表述不清是一个尤其突出的问题。例如，《某中学的家长期待与孩子学习心态的调查研究》，这个题目容易使人产生混淆：是分别调查"家长期待"和"孩子学习心态"，还是要研究两者之间的关系，或者是要探讨"家长期待"对"孩子学习心态"的影响？题目表述不清会进一步导致论文中关键概念界定不明确、研究设计中缺乏对变量控制和无关因素排除等其他问题。再比如，《某市大医院看病难、看病贵的初步调查和解决建议》也存在同样问题，如何界定"大医院"？"看病难"和"看病贵"是两个维度，如何界定这两个维度？主题的笼统性表述必然导致调查过程中科学性的欠缺。再如，《浅析某县未成年人非法犯罪的成因、预防及相关内容》，其中"相关内容"是一个含糊概念；《对违章建筑危害意识的调查和分析》，主题中缺乏主体，范围不清楚。题目表述不清楚会导致研究目的不明确等问题。

3. 研究问题与主题不一致

在所提交的小课题论文中，我们发现论文主题和具体研究内容的脱节也是一个比较突出的问题，实际上反映了研究者缺乏对主题细致具体的推敲和分析，缺乏对题目的客观分解，缺乏对题目的具体论证。例如，一些研究探讨"交通拥堵状况"问题的选题，实际上只要调查收集交通拥堵的各方面数据即可，但是研究者往往会将居民对交通拥堵的态度、看法也放到具体研究的内容中，导致具体研究内容庞杂、缺乏相关性，感觉是为了调查而调查，有画蛇添足之嫌。又如，《××校食堂塑料饭盒使用情况的调查报告》，在具体内容中既探讨"学生在使用饭盒方面是否存在不良习惯"，又涉及"塑料饭盒对人体有害成分的探源"，这两个问题是不同层次的问题，与调查主题之间缺乏一致性。再如，《关于某城区路灯建设与管理的现状调查研究》，看题目应该是围绕"建设与管理"来进行研究的，但是调查内容却是居民对路灯使用状况的看法，主题和内容之间也同样缺乏一致性。

4. 选题可行性缺乏论证和理论支撑

中学生的小课题研究问题应该来源于他们的生活和实践，同时要符合中学生的研究能力和经验，问题要有可行性。在提交的课题研究报告中，有些课题专业性过强，需要通过专门的仪器、技术甚至是统计和测量方法才能进行研究，这些问题可能更适合大学生甚至是专业研究者进行研究，中学生把握和掌控起来很难。此外，中学生更适合开展描述性的研究，即"是什么"（现状问题的揭示），而不是"为什么"（影响因素类的探讨）的问题。例如，如果将"初中学生失眠及睡眠质量下降问题探析"改成"初中学生睡眠质量现状调查"，则可能在实施方面更容易把握。此外，研究问题还需要具备一定的理论或实践意义，在所提交的小课题论文中，有些研究更多地针对现状，凭借个人的主观想法探讨对问题的解决，而对于该问题的可行性、适宜性缺乏全面考虑，对于研究问题的意义和价值缺乏论证和阐释，导致所研究问题缺乏一定的必要性和合理性。

二、选题的可行性分析

选题时，应当充分分析并估计以下条件，以进行选题的可行性分析。第一，现实的主观条件。主要是指自身的知识结构、研究能力、对课题的兴趣、理解程度、责任心等。第二，现实的客观条件。主要是指实验资料、研究条件、时间、协作条件等。对应用性课题，还应考虑成果的开发和推广条件等。第三，积极创造条件。除已具备的条件外，对那些暂不具备的条件，可以通过努力去创造。除了满足这些可行性分析的基本内容外，我们还可以从以下几个角度进行课题的可行性分析。

1. 选题是否围绕自己感兴趣的科学问题

好奇心是每个人与生俱来的天性和本能，而保持好奇心则是科学家要具有的品质。课题研究者要学会从兴趣出发，选择研究领域或是研究方向，观察更多、思考更多，这常常会使人从不同角度提出更多的科学问题。寻求科学问题的答案是人们的好奇心得到满足的过程，它既包括了艰辛的探索，又有愉快的收获，在给研究者带来愉悦的同时，也会激发他们的兴趣。兴趣可以成为推动课题研究者完成后续研究工作的动力。

2. 选题是否恰当地选择自变量和变量

课题研究的问题中常常涉及科学或技术的概念及相应的术语。只有在问题中准确使用概念或术语，才能较好地预期后期的工作量并依此进行规划。如果问题的表述比较宽泛，则意味着工作量大，对研究者投入的时间和精力要求较高，并且难以完成，或出现"大题小做"的情况，使得研究工作落入肤浅的地步。如果恰当地使用术语，准确表述要研究的问题，就能更集中地在一个较明确的范围内开展工作，实现"小题大做"，让研究更深入一些。

例如，"某种有机药物A对癌细胞的杀死效果如何？"这样的一个问题是比较宽泛的，因为可用于研究的癌细胞种类很多，要比较全面地回答这一问题，需要很大的工作量。如果将其修改为"某种有机药物A对癌细胞m和n的杀死效果如何？"那么，这个问题显然减轻了工作量方面的压力。

3. 选题是否具有可测量性

问题研究对象的可测量性是指对所研究的对象可以通过工具和仪器做量化的测量和记录，并用数据来支持回答问题的研究结果和结论。用证据支持结论是科学研究客观本质的要求，而用定量化的方式进行的研究则常常被科学家放在优先的位置上。因此，在选题时，问题研究对象的可测量性与研究工作开展的可行性有一定关系。

4. 选题是否可以保证论文的顺利进行

对中学生来说，撰写科研论文并不是一件轻松的事。如果论文的题目过大或者过难，就难以完成写作任务；反之，如果题目过于简单，论文的质量可能不会太高。因此，选择一个难易程度合适的题目，可以保证论文写作的顺利进行。

三、小课题"选题不当"现象对策

1. 先行后知，行易知难，大胆实践，不怕失败

我发现一些学校在刚刚开设小课题研究课程，遇到学生"选题不当"现象时，往往束手无策或等待观望。这时，应该学习孙中山先生和陶行知先生都提倡的行知学习理论。孙中山提出应该先行后知，行易知难，应该大胆实践，不怕失败。陶行知认为，学习是从行动开始的六个阶段：行动生困难—困难生疑问—疑问生假设—假设生试验—试验生断语—断语又生行动。所以，我们不能因为在小课题研究的起步阶段，学生大面积地出现"选题不当"现象而裹足不前，知难而退，应该按照陶行知先生说的"行是知之始，知是行之成""行动是老子，知识是儿子，创造是孙子。有行动之勇敢，才有真知的收获"，努力去实践。

2. 设置前期小专题练习可以避免选题不当现象的产生

桑代克认为，通过"试误"建立起情境和反应之间的一个联结形式以后，若不断加以应用，这个联结就会越来越强；反之就会减弱。他的理论强调练习重复的次数要多，而间隔时间要短。这与加涅的"认知"学习理论，在"作业反馈"阶段，提供各种形式的小规模练习的要求是一致的，所以我实践后的体会是：借鉴学科教学常用的"听课—作业—统练—考试"方式，尝试将中小学课题研究分为初期的小专题练习阶段和向纵深发展的较大专题研究阶段的设计是必要的。在练习阶段，因为选题小，难度要求低，即或作"再发现式或再发明式的"重复研究也是可以的，这样可以大大避免在课题研究初期学生"选题不当"现象的产生。

3. 消除选题"误导"的不利因素

学生小课题研究的开设，在我国刚刚起步，有关的参考资料比较少，为

数不多的参考资料中学术水平也参差不齐。少数学者长期在高校或科研院所工作，对中小学教学第一线的情况了解不多，而有些第一线的作者也是"走马看花"，甚至是"跑马看花"，缺乏第一线课题研究教学工作操作的体验，所以他们编写的参考资料往往让中小学的老师们很难操作，甚至形成"误导"。有些课题研究的参考资料中提到的研究程序是不符合科学研究的实际流程的。一项科学研究，不管研究者是院士或研究员，还是刚刚起步学做研究的硕士研究生，实际流程的第一步都应该是选定一个大概的研究方向，即使是刚刚起步学做研究的硕士研究生，也往往是在导师的建议下，选定一个比导师的研究方向要小得多的研究方向，然后查阅与这个研究方向相关的文献资料和信息，整理所获得的有价值的文献资料和信息后，撰写一篇文献综述，才能根据文献综述的结果，初步确定有研究价值的若干课题或方向。研究方向确定后，紧接着应该做开题论证工作，确认自己真正具备研究其中的那个课题的条件，最后才能真正算是确定了自己的研究课题。研究方案的制定，却属于在选题后的开题报告中的内容。所以，在课题研究开设刚开始，就应该将科研的上述流程原原本本地告诉学生，并且要求学生一般按照这个流程进行，以防学生受到不良参考资料的误导。

4. 进行多项诱导转化

对学生"选题不当"问题，有些教师采用简单地予以否定而要求学生另外选题的做法，我认为这不仅没有对学生前期的课题研究予以客观、正面、积极的评价，还将影响学生进行课题研究的热情和兴趣，是一种既不利于学生进行课题研究，也不利于课题研究课程开设的负面消极行为。教师正确的做法应该是以极大的热情和爱心，充分肯定学生的劳动，因势诱导，与学生一道分析"选题不当"的原因和类型，针对弊端，巧妙进行多向转化，使之成为可以进行课题研究的专题。

综上所述，"选题不当"的诱导转化过程，实际上就是选题可行性论证过程的一种形式，这与成年人的选题可行性论证过程是相同的。因此，我们必须非常重视这项工作，才能使课题研究步入健康发展的轨道，对桑代克的"试误"、加涅的认知等学习理论，由于它们的局限性，在运用其制定处理学生"选题不当"的对策时，要根据实际情况灵活运用和创新设计。例如，笔者通过学习孙中山先生和陶行知先生的行知学习理论，领会了"先行后知，行易知难"的精髓，大胆提出并实践了笔者的一些做法，获得了较好的效果。教师只有这样才能使中学生小课题研究的教学工作得以顺利进行，使这些学习理论得到论证和发展，并上升到一个新的高度，既可能有所发现，也可能有所创新。

选题：
小课题"好"在哪里

　　青少年是国家和民族未来的希望和栋梁，青少年时期是提升国民素质和竞争力的关键阶段。对青少年进行课题研究教育，可以培养他们开阔的思维和创新实践的能力，也决定着国家未来的命运。因此小课题研究具有不可取代的重大意义。

本章的内容包括：

（1）研究自我实践的问题。

（2）机遇与挑战。

（3）创新学科组校本教研方式。

（4）支撑学校内涵式发展的主课题。

第一节　研究自我实践的问题

一、保护自我实践中的好奇心

很多成功的人都有一个共同的特点，喜欢问"为什么"，喜欢刨根问底地研究问题、寻找答案。这揭示了创新的真谛：成功的前提可以归结为"好奇心、问题意识和锲而不舍的探求"。开展小课题研究活动的出发点也是让学生在自我实践中寻找问题，进而发现问题，确立主题并开展后续的研究活动。学生在学习和生活的实践中产生过无数这样或那样的疑问，有的通过向师长提问得到了答案，有的通过查阅书籍资料或互联网得到了答案，但毕竟"纸上得来终觉浅，绝知此事要躬行"。唯有将自我实践中产生的问题在实践中解决，才真正完成了学生从"不知"到"知"的过程。小课题让学生从课堂环境中解放出来，可以投身实验室，走入社区和街道，甚至参与到相关社会团体或专业领域的活动中来，在自我实践中提升了能力、增长了知识、形成了素养。

例如，"珊瑚保育"这一主题，来源于高一学生小兵暑假旅游时的一次潜水活动，他在潜水的过程中看到了色彩缤纷的海底世界，也看到了大片大片白化后的珊瑚群。他不禁好奇：是什么原因让珊瑚白化了？回到家后，小兵上网查阅了大量的资料，发现全球都存在珊瑚白化问题，这与水质变化、全球变暖、海洋污染、人为破坏等原因都有关联，那么深圳作为一个沿海城市，其沿岸珊瑚的状况又是怎样的呢？小兵返校后寻求了生物老师的帮助，在老师的鼓励下，小兵和同班的几个同学一起申请了小课题"深圳市梅沙海域珊瑚现状与保育工作的研究"，并联系了盐田区保护珊瑚的义工组织作为合作对象共同开始了课题的研究。现在，小兵和他的课题组小伙伴们已经是珊瑚保护义工队的成员了，还承担着"珊瑚保育实验室"的一些工作。小兵的问题也在他的实践中慢慢得到了答案。

二、兴趣引导自我实践的方向

兴趣是中学生进行课题研究的原动力。教师可依据中学生的年龄特点，激发他们积极开展小课题探究的兴趣爱好。只有学生们对某个事项或者主题有发自内心的兴趣，才能持续认真、专心地投入课题的研究中去。因此，结合学生兴趣选择小课题研究更能事半功倍，兴趣是最好的老师。

例如，对现在的中学生而言，动漫作品普遍以其强烈的讽刺性、幽默性、教育性深深地吸引着他们，有的中学生甚至到了痴迷的程度。以某校的小课题研究活动为例，课题调查小组的学生都是动漫的爱好者，但是家长和教师们有很多人不支持孩子看动漫，他们认为动漫会影响孩子的学习，还可能会影响孩子的健康成长。基于这一情况，以学生的兴趣和爱好为基础，该校研究小组拟定了研究课题"动漫对青少年成长的影响"。在开展综合实践活动中，学生们通过问卷、向教师请教、小组探究交流等途径实现认识目标；自主分析动漫对青少年成长影响的两面性，培养了自身的学习能力和分析问题的能力。同时，在活动过程中，学生们合作研究，培养了合作意识和"传帮带"意识。学生亲历活动，有所"成就"，在探究过程中充分享受独特的情感，既满足了他们成长过程中的好奇心，也为他们树立正确的学习观奠定了基础。总之，结合学生兴趣开展小课题研究，学生动力更足、实践活动的效果更佳。

第二节　机遇与挑战

一、小课题培养学生的实践创新素养

2016年9月13日，教育部提出了中国学生发展核心素养，以培养"全面发展的人"为核心，分为文化基础、自主发展、社会参与3个方面，综合表现为人文底蕴、科学精神、学会学习、健康生活、责任担当、实践创新等6大素养，具体细化为国家认同等18个基本要点。其中，科学精神的内涵主要是学生在学习、理解、运用科学知识和技能等方面所形成的价值标准、思维方式和行为表现，具体包括理性思维、批判质疑、勇于探究等基本要点。实践创新的内涵为学生在日常活动、问题解决、适应挑战等方面所形成的实践能力、创新意识和行为表现，具体包括劳动意识、问题解决、技术应用等基本要点。

正如2010年国家颁布的《国家中长期教育改革和发展规划纲要（2010—2020年）》中指出的："必须清醒认识到，我国教育还不完全适应国家经济社会发展和人民群众接受良好教育的要求。教育观念相对落后，内容方法比较陈旧，中学生课业负担过重，素质教育推进困难；学生适应社会和就业创业能力不强，创新型、实用型、复合型人才紧缺。"毋庸讳言，虽然我们一再强调素质教育，强调学生的主体地位，强调培养学生的创新精神，但事实上仍然停留在升学应试考试的教学层面上；教师的努力、学生的学习任务仍然是围绕着高考、中考升学率及考入更好的学校。长期以来，科学探究与实践创新素养的培养在我国的传统教育中缺乏较有效的实施途径，在教师"教"、学生"学"的模式下，学生习惯于依赖教师，解决问题的主动性不高。而学生小课题的开展为培养学生实践创新素养开辟了一条新的道路。

苏联著名教育家苏霍姆林斯基曾说过这样一句话："在人的心灵深处，

都有一种根深蒂固的需要，这就是希望感到自己是一个发现者、研究者、探索者。"中学生开展基于问题解决的小课题研究恰好契合了这一需要。实践证明，小课题研究实践活动有利于改变学生的学习方式，培养学生的实践能力和创新精神；有利于提高学生对问题的敏锐感，增强学生的合作精神，促使其健全人格的发展。通过"小课题探究"等各种综合实践活动形式，将科技教育、人文教育、道德教育有机结合，把科学知识、科学方法、科学精神、科学能力等综合素质的提高作为培养目标，这不仅对于充分发掘学生聪明才智、培养实践创新能力、发展个性特长有明显效果，而且对于全面提高学生素质，推进学校素质教育有着积极的作用。

二、科技创新意识对学生升学、自主招生的益处

为了孩子能有一个好的未来，许多家长给孩子报了各种文化课的补习班，除此之外，体育、琴棋书画等素质课程也没落下，想利用奥数、文化、体育等方面的加分进入好的高校。然而，时代的进步对人才培养提出了新的要求。除了传统的体育、音乐、美术等特长生的自主招生外，科技类特长生的自主招生也在全国所有一流名校中如火如荼地展开了。近年来，该类自主招生选拔的都是具有学科特长和创新潜质的优秀学生，每年有5%的高考学生获得自主招生预录取资格，在高考时享受降10～60分，甚至降至一本线录取的条件。表3-2-1列出的便是2019年中国部分高校的科技类特长生自主招生条件，表3-2-2列出了部分"211"工程和教育部直属高校科技类特长生自主招生要求。

表3-2-1 部分"985"大学科技类特长生自主招生要求

高校名称	自主招生要求
北京大学	有发明创造，或参加科技类、人文社科类竞赛全国比赛或国际比赛获得优异成绩者，有资格报名北大自主招生
清华大学	在科技发明、研究实践、创意创新等方面具有突出表现的学生
天津大学	科技发明竞赛获得省一等奖（含）以上者
复旦大学	有人文、创新方面等成果的，个别特别优秀的学生
同济大学	全国青少年科技创新大赛中（中国科学技术协会主办）获得三等奖（含）以上者
中山大学	在科技发明、研究时间、创意创新等方面具有突出表现并取得标志性结果的学生

续 表

高校名称	自主招生要求
上海交通大学	高中阶段获得青少年科技创新大赛国家二等奖（含）以上者
电子科技大学	全国青少年科技创新大赛获得三等奖（含）以上者
山东大学	全国青少年科技创新大赛三等奖，中国青少年机器人竞赛二等奖者

表3-2-2 部分"211"工程和教育部直属高校科技类特长生自主招生要求

高校名称	自主招生要求
北京化工大学	在科技创新、发明方面有突出表现，并获得省级以上鼓励奖，或省级以上科技创新（社科类）等方面获奖者
北京科技大学	全国青少年科技创新大赛中获得省级一等奖（含）以上者，均具备自主招生资格
华北电力大学	全国青少年科技创新大赛二等奖，科技创新、发明创造等方面获得省级二等奖或高中阶段拥有专利者
中国石油大学	在科技创新、发明创造方面获得省级（含）以上二等奖以上者
北京中医药大学	高中阶段在全国科技创新竞赛中获奖者
华东理工大学	青少年科技创新大赛获得省级二等奖（含）以上，中国青少年机器人大赛获奖者
东华大学	参加青少年科技创新大赛，获得一定成果者
上海大学	高中阶段参加全国青少年科技创新大赛获得三等奖（含）以上者
华中师范大学	（湖北武汉）科技创新、发明方面获得省级三等奖以上者
武汉理工大学	（湖北武汉）全国青少年科技创新大赛获得省级奖以上者
西南大学	（中国重庆）全国青少年科技创新大赛获得省级三等奖（含）以上者
西南交通大学	（四川成都）全国青少年科技创新大赛获得二等奖（含）以上者
西南财经大学	（四川成都）全国青少年科技创新大赛获得三等奖（含）以上者
湖南师范大学	（湖南长沙）全国青少年科技创新大赛在国家级及以上赛区取得优异成绩者
福州大学	（福建福州）全国青少年科技创新大赛获得全国三等奖（含）以上者
郑州大学	（河南郑州）高中阶段参加全国青少年科技创新大赛获奖者
云南大学	（云南昆明）在科学领域、科技创新方面获奖者
合肥工业大学	（安徽合肥）全国青少年科技创新大赛获得二等奖以上者
北京语言大学	参加省级和以上数学、物理、信息科学和科技创新竞赛获奖者，可报考信息科学类专业

由表3-2-2可以看出，时代的进步对当代学生的科学创新素养提出了更加直观的要求，科技创新能力对于青少年未来成长的重要性不言而喻。结合青少年成长发展规律，专家认为初中阶段是青少年尝试和参与科技创新的最佳时期。思维和知识更加成熟，动手能力进一步增强，经过专业人员的辅导培训，取得优异的成绩绝不是一件难事。小课题为学生提供了培养科学创新能力的良好平台，许多学生在初中阶段就已经开始进行小课题的研究，掌握了一定的科学思维方式和创新实践方法，在高中阶段随着大脑抽象思维、逻辑思维的进一步发展，小课题的深度和可创新性得到了进一步的提升，在完成课题的同时，课题的作品或者成果在各大比赛中往往也能取得不错的成绩。

小课题的开设是按照学生心理发展的客观规律，在实践中发掘学生的好奇心，激发他们学习的求知欲和创新的兴趣，全面提高学生的心理素质、拓展学生的知识视野，启迪创新思维，提高他们的科技创新能力，鼓励他们创造发明，使他们成为我国科技现代化的后备人才。

三、现实生活中完成小课题的弊端

近几年，中学生小课题成功立项的数量逐年攀升，学生小课题也被越来越多的学校和教师所重视。纵然开展中学生小课题有诸多的优点，对培养学生各方面能力也颇有成效，但在实际操作的过程中，仍存在着许多不足之处，有待进一步完善。

1. 选题过大，超出学生的实践能力范围

学生一开始选题的时候，根据其思路的设想，可能定下的课题范围是比较大的，但实际操作起来时，学业繁忙、课题成员变动等各种原因导致只能完成课题预设目标的一部分。如某英语老师指导的学生小课题"深圳公共场所标示英文翻译错误的调查与研究"，选题的时候定下的是"深圳市"范围内的调查与研究，但在范围过大而小组成员的人数、时间都有限的情况下，一年半的时间只调查了市中心的一些有代表性的区域，如地铁、车站、大型商场等，而较为偏远的光明新区、大鹏新区等地方是没有调查到的。因此，若一开始就将课题的范围锁定在"深圳市中心部分区域"，则课题的开展就更为合理了。

2. 重视立项和结题，忽略过程

由于学生小课题的开题与结题有专门的评审小组进行审核，所以指导老师和学生都会比较重视，规范地按照上级组织的要求将研究的思路或成果进行整理和展示。但研究过程则没有任何监督机制，只能靠指导老师引导学生自行开展。学生申请课题时的热情也许会在课题开展过程中渐渐减弱，或是被遇到的困难阻碍了前进的脚步，课题的进展在拖延中停滞不前，最后时间到了只能草草结题。重两头，轻过程，过程管理不到位，不及时积累过程材料，课题研究根本没有实效。

3. 学生忙于学业，课题计划难以落实

学生小课题立项时，为完成课题目标会制订一系列的实施计划。但在实际操作中，学生平日里要上学，周末还有补课任务，在时间较为充裕的寒暑假，安排给课题的时间少之又少，实施过程缺乏主动性。另外，开题时学生若为初二或高二，则意味着课题开展过程中的大部分时间，成员们是即将面临中考或高考的毕业班学生，更是难以挤出较多的时间进行课题的研究，甚至结题时面临课题成员已经到外地上大学的情况而无法参加结题。因此，开题时最好选择初一或高一的学生作为课题的成员，让一个课题伴随学生一两年的成长，实际操作起来较为合适。

4. 指导老师参与过多，"学生"小课题实是"教师"小课题

学生小课题，顾名思义，课题的主体是学生，教师充当的是引导者和协助者的角色。课题研究过程中，由于学生的年龄小，在选好课题的基础上，教师帮助学生建立课题探究小组，鼓励学生根据自己的知识、经验，对课题进行思考，适当提出自己的推测和解决问题的办法，形成解决问题的方案，并依据方案落实小组成员各自的职责和任务。但实际的情况是，学生做课题的时间、经验都不太丰富，对课题开展的积极性、主动性不足，导致指导教师为保证课题能顺利结题，往往将许多事情代为处理。特别是最后结题时对课题过程的文字性总结、结题报告的编写等，都因为学生来不及完成而全部由指导老师包办，学生只需要上台讲解几分钟即可。课题的最后，学生实际去做的事情很少，脱离了培养学生实践能力的根本意图。

第三节 创新学科组校本教研方式

一、什么是校本教研

校本教研，就是为了改进学校的教育教学，提高学校的教育教学质量，从学校的实际出发，依托学校自身的资源优势和特色进行的教育教学研究。校本教研是基于校级教研活动的制度化规范，其基本特征是以校为本，强调围绕学校自身遇到的问题开展研究。小课题往往是诞生于校本课程之中的，是学生对课堂所学的延伸，因此小课题也逐渐成为校本教研的重要内容之一。

校本教研的理论基点是，学校是真正发生教育的地方，教学研究只有基于学校真实的教学问题才有直接的意义。校本教研旗帜鲜明地强调三个基本理念：第一，学校是教学研究的基地；第二，教师是教学研究的主体；第三，促进师生共同发展是教学研究的主要而直接的目的。

在传统的校本教研过程中，教师即研究者，是教学研究的主体。教师在教学实践中发现问题、明确问题，并以此作为自己的研究课题。教师在教学过程中是以研究者的身份置身于教学情境之中，以研究者的眼光审视和分析教学理论和教学实践中的各种问题，对出现的问题进行探究，对积累的经验进行总结，使其形成规律性的认识。而小课题为校本教研提供了新的视角，让教师从研究者转变成引导者，让学生成为主体，发挥学生无限的创造性，促进了师生的共同发展。

二、校本教研的三个阶段

1. 反思记录阶段

思维方式决定人的行为方式，反思型思维方式是教师专业发展的基础。反思记录阶段就是要使教师们养成反思型的思维方式，这是校本教研的最基础的阶段。教师的反思就是回顾自己所见、所闻、所做的事情，通过分析比较，总结有益经验，探寻现象背后的规律，发现存在的不足，从而进一步完善教学理念、改进教学方法的过程。它一方面可以发现自己的理念与先进的理念之间的差距，使行动符合先进理念的要求；另一方面发现其效果与行动目标之间的差距，以便提高行动的有效性。

同时，在学校的教育教学工作中，鼓励教师们有新的想法，然后创造条件让教师们"把想的事做出来，把做的事说出来，把说的事写出来"，长期坚持将大有裨益。

2. 案例写作阶段

案例研究是中小学校本教研的基本模式，是教师反思结果的延伸。教师们有了较好的反思和记录的习惯之后，要及时地鼓励教师撰写教学案例，形成完整的研究作品。同时，提高教师文字表达的能力和水平。这是校本教研最基本、最主要的阶段。

一个好的教学案例就是一个教学故事加上一些精彩点评。点评就是在叙述一个教学故事时发表的一些看法，实际上就是反思的结果。案例能够直接、形象地反映教学的具体过程，因而有很强的可读性和指导性，也非常适合第一线教师撰写。

案例写作是教师们由简单的反思型习惯的养成、原始经验的积累到真正进行科学研究的中间环节，它解决教师们在写文章时经常遇到的"不知道写什么"和"不知道怎么写"的问题。案例写作在一定程度上比论文更实用、更有效。通过案例写作，教师们学会了如何从具体现象中发现问题、探寻原因、总结规律，也学会了如何以更好的文笔水平来表达自己的所思所想，这本身就是专业发展的一个飞跃，也为进一步进行科学性较强的研究奠定了基础。如果没有这个基础，片面地强调"论文"和"课题"，必然基础不牢，难以取得预期效果。

3. 课题研究阶段

课题研究阶段是中小学校本教研的提高阶段，也就是科学研究阶段。广大教师在养成反思习惯，能够撰写教学案例、详细记录自己研究的感受，开展教学研讨相互交流的基础之上，必然会发现某些亟待解决的共性问题。此时，及时组建课题组，对这些问题进行论证，按照课题研究的模式，采用科学的研究方法，进行科学系统的研究，最后得出结论并提出改革建议。这时的教学研究已经由经验研究层次逐步进入科学研究的层次，能够得出科学的结论，大面积地解决现实问题、提高教育教学质量、提高教师专业水平。

需要指出的是，中小学课题研究的目的不是为课题而课题，其重点也不在于得出多么科学严谨的结论，而是作为一种校本教研模式、方法和组织形式，让尽可能多的教师参与研究过程，掌握研究方法、提高研究能力，达到改善思维习惯和教学行为的目的。同时，课题研究应以校级和教研组内部的小型课题为主，省地级以上课题可以开展，但没必要多开展。

综上所述，校本教研的三个阶段不是截然分开的，因为不同的学校、不同的教师，基础是不一样的。它们三者相互联系，互为依托。反思记录作为教师职业生活的方式贯穿于工作和生活的始终，案例写作使教师在研究中实现教育理论和教育实践的融合，而课题研究则帮助教师进行理性提升，走上较高层次的专业化研究的新台阶。

三、小课题创新学科组校本教研方式

近几十年来，教师队伍的素质得到了明显的提升，教师做教研的人数也在不断增加，但本身现行的教育科研价值取向还存在很大问题，教师队伍中真正接纳教育科研的比例并不是很高。对广大教师来说，教育科研是软任务，教学才是硬任务，软任务可以应付，而硬任务不可轻待。因此，只有当教师意识到研究成为自己的需要，才会主动投入。而小课题研究方式与众不同，首先它是一种个性化行为，教师在研究过程中可以根据自己的不同兴趣、不同爱好、不同特长和教学实践中发现的不同问题进行个性化的研究，在研究过程中选择个性化的方式进行交流、学习。因此，进行小课题研究，能激发教师的研究热情。

学生小课题是与校本教研相辅相成的一种形式。在传统教研中，教师是教学研究的主体，而学生在这个过程当中往往扮演的是“被研究者”，或是教师教学实践中发现问题的启发者、辅助者的角色。但当学生成为课题的主体时，我们所能利用的资源、聚焦的话题瞬间开阔起来。在实际的教育教学过程中发现的问题，班主任管理中遇到的障碍，学生提出的疑问、感兴趣的话题，都可以成为我们开展小课题的主题。如某全寄宿制学校的班主任常常会遇到学生做不好宿舍内务的问题，便提出了"学生能否做好内务与学习成绩及个人成长的关系"的课题；某学生在化学课上对老师提到的阻燃剂产生了兴趣，在化学老师的指导下，提出了"不同防火阻燃剂防火性能对比研究"的小课题；而这两年刚刚流行起来的"抖音短视频"等应用软件也引起了学生们的关注，提出了课题"抖音短视频对当代中学生的影响"。这些随处可见的话题和信手拈来的题材让学生对科学实践产生了亲切感，也让教师们对教研不再感到遥远。

不同学科组的教师可以根据自己专业特长的不同，辅导不同学生的小课题，而在小课题的基础上，往往还能产生比学生更高层次的思考和探索。学生在小课题中提出的问题，在学生能力范围内的，可以引导学生完成，在学生能力范围以外的，可以由学科组教师们进一步深化课题目标，完整课题思路，做成教师小课题。这就促使广大普通一线教师也自然而然地接触到了校本教研，甚至爱上了校本教研。可以说，学生小课题不仅创新了学科组校本教研的方式，还让教研走下"神坛"，走到每个普通一线教师的身边。

第四节 支撑学校内涵式发展的主课题

一、什么是学校的内涵式发展

胡锦涛在主持中共中央政治局第26次集体学习时指出："着力推进教育内涵式发展，坚持走以促进公平和提高质量为重点的内涵式发展之路。"走内涵式发展道路是实践科学发展观的必然要求，是实现可持续发展的必然选择。

内涵式发展是发展结构模式的一种类型，是以事物的内部因素作为动力和资源的发展模式。内涵式发展强调的是结构优化、质量提高、实力增强。要加强教育内涵式发展，一是在先进理念的指导下，运用科学的途径、方法，不断提升教师水平，提高教育质量。二是把教师素质提升作为改革与发展的关注点，在事关教师发展的工作上都力求做精、做细。三是将办学特色放在改革与发展的突出地位，在特色的形成和品牌的培育中使整体工作上升到一个新水平。总之，注重质量、精细化管理、打造品牌特色、不断创新，是内涵式发展的显著特征。因此，走内涵式发展道路主要通过内部的深入改革，激发活力，增强实力，提高竞争力，在量变引发质变的过程中，实现实质性的跨越式发展。

二、小课题促进学校内涵式发展

学校走内涵式发展道路，第一要务是增强教师的内涵，根本措施是提高科研实力，根本内容是学校文化建设，根本途径是提高管理水平。小课题的发展为促进学校内涵式发展打开了新的思路。

1. 以小课题为依托，推动教师自主学习

为实现先进理念对教研活动的有效指导，达到教育理论和教学实践的整

合，在小课题研究活动中，引导课题组的教师结合确定的课题，有针对性地阅读相关的教育专著、专业理论书籍，夯实教师在"小课题"领域内的理论基础，站在别人的肩膀上进行教学研究，能够少走弯路。由于理论知识的学习具有针对性和实效性，能有效地提高教师的积极性，学校可为各学科组订阅与课题研究有关的专业刊物，加强教师们的理论学习。并结合自己的体会，或他为我用，或结合深化，认真做好读书笔记。把一些优秀的读书笔记放在学校或科组的交流平台上，供其他教师学习。

2. 以小课题为载体，健全学校培训制度

随着许多学校成功申报的学生小课题越来越多，为了保障学校小课题研究的深入开展，学校可制定小课题管理条例。该条例可通过具体规定来推进小课题研究的过程，避免出现课题重两头、轻过程的现象。

同时，小课题的蓬勃发展也使我们的教师在教科研方面充满自信和活力，从而带来学生的发展与学校的发展。因此，建设高素质教师队伍是教师培养的主要目标，通过采取多种行之有效的方法与途径，优化教师管理，规范教师行为，整体提高教师素质。对此，学校可引导不同年龄段的教师做科学的职业生涯规划，特别是对青年教师成长的培养要更有计划性，如出台"青年教师成长培养规划"，学校引进名优教师与青年教师开展"名师——师徒结对"等活动，通过健全学校培训制度，努力探寻教师专业成长的新途径。

3. 以小课题为抓手，搭建"研讨"平台

（1）构筑"分享型科组"，增加专业交流。

学校要积极推广"分享与提升"的理念，并尝试构筑"分享型同事"。例如，在科组会议上让教师轮流进行教育教学经验、读书感受、科研困惑等的分享，促进大家养成乐于分享自己的困惑、思考、经验、所得的习惯，使学校逐步形成良好的学习、研讨氛围。这都能无形之中影响教师去实践、去研究、去思考、去交流，为教师小课题研究的群众化打下基础。

同一科组的教师可通过建立"小课题QQ群"或"小课题微信群"等平台，共享集体的智慧，也便于教师之间的随意交流，及时与同事研讨在研究课题过程中发现的问题。在学校内部建立交流群，鼓励教师参与校内网上讨论，把自己在课题研究过程中遇到的问题或积累的经验进行交流，达到互相学习的目的。

（2）外派教师经验交流，实现资源共享。

由于受各种因素的限制，学校不可能派大批的教师外出学习。因此，学校可以结合实际情况，组织外出学习培训的教师在回校后开设"科组学习分享讲座"，与本科组的同事进行交流和分享。这就要求外派教师在听课、学习期间，既要学：学理念，学先进的教法，学先进的课题指导技巧；又要思考：思心得，思如何结合本校实际进行操作。回校后，再认真地整理、总结出本次学习、培训的所得；在此基础上，把这种所得传达给本学科的其他教师，实现教学资源共享。

（3）专家引领，促进教师专业成长。

各学校可以多邀请当地的专家、名师进校园，为教师的专业成长指明方向，更好更快地促进教师的专业成长。为加强教师培养我国学生核心素养的理念，组织全体教师学习新课程标准，同时邀请专家到校指导，与专家们零距离交流。如开设小课题指导讲座、教师教研培训会等，进一步理解学生小课题的研究特点、研究要求、研究价值、研究流程等，提升教师们指导学生小课题及研究小课题的能力。

另一方面，有条件的学校可以大力争取各种市级或区级的培训活动来校举行。虽然举办活动需要花费一定的人力、物力，但可以通过这种方式使全校大部分教师有机会参加培训。同时要求教师们积极参与，可参考的具体做法是：参与教师在活动前，要先熟悉研讨内容，提出自己的看法；边观摩边思考；在互动环节时积极参与讨论；活动结束后，写出自己的观摩心得。相信通过专家的指导，教师的专业成长会有更加明确的方向。

苏霍姆林斯基说："如果你想让教师的劳动能够给教师带来乐趣，使天天上课不变成一种单调乏味的义务，那你就应当引导每一位教师走上从事研究的这条幸福的道路上来。"愿教师们积极地投入教学科研当中，改善我们的思维，提升专业水平，享受职业幸福，促进学校的文化繁荣与内涵发展。

做题：
小课题研究过程与方法

　　一般课题的选题从哪里来呢，应该来自疑问，也就是问题。比如你在现实生活中观察到的矛盾冲突，或者通过各种媒体了解到的来自他人的问题，包括困扰人们生活的自然科学问题与社会问题、现有理论的破绽与漏洞、现有产品的缺陷等。当然也可以通过对某个现象的梳理发现其中的问题，找到有规律的东西。通过研究得出自己的结论，并尝试提出解决问题或缓解问题的办法。

本章的内容包括：

（1）小课题研究的基本过程。

（2）研究方案。

（3）小课题研究的常用方法。

第一节　小课题研究的基本过程

一、项目查新的定义

项目查新（成果查新）是通过科技文献情报检索、查证某项科技问题或成果是否已有文献报道，文献报道的内容和科技水平与所查证的科技问题或研究成果之间存在什么差距，从而为所查证的科技问题或研究成果的新颖性和所达到的水平提供客观的事实依据。

二、项目查新的作用

项目查新工作在科技研究开发、科研管理和国民经济建设中发挥着十分重要的作用。

1.为科研立项提供客观依据

科研课题在论点、研究开发目标、技术路线、技术内容、技术指标、技术水平等方面是否具有新颖性，在正式立项前，首要的工作是全面、准确地掌握国内外的有关情报，查清该课题在国内外是否已有人研究开发过。通过查新可以了解国内外有关科学技术的发展水平、研究开发方向；是否已研究开发或正在研究开发；研究开发的深度及广度；已解决和尚未解决的问题等，对所选课题是否具有新颖性的判断提供客观依据。这样可防止重复研究开发而造成人力、财力、物力的浪费和损失。过去对新上项目、重点项目的选择不注意查新，经常导致重复研究。据统计，我国科研项目重复率达40%，而另外60%中部分重复又在20%以上，同时与国外重复也约占30%，其中大部分是国外已公开的技术，因而造成了人力、物力、财力的严重浪费。

2. 为科技成果的鉴定、评估、验收、转化、奖励等提供客观依据

查新还能保证科技成果鉴定、评估、验收、转化、奖励等的科学性和可靠性。在这些工作中，若无查新部门提供可靠的查新报告作为文献依据，只凭专家小组的专业知识和经验，难免会有不公正之处，可能会得不出确切的结论。这样既不利于调动科技人员的积极性，又妨碍成果的推广应用。高质量的查新，结合专家丰富的专业知识，保证鉴定、评估、验收、转化、奖励等的权威性和科学性。

3. 为进行研究开发提供可靠而丰富的信息

随着科学技术的不断发展，学科分类越来越细，信息源于不同的载体已成为普遍现象，这给获取信息带来了一定的难度。有关研究表明，技术人员查阅文献所花的时间，约占其工作量的50%，若通过专业查新人员查新，则可以大量节省科研人员查阅文献的时间。查新机构一般具有丰富的信息资源和完善的计算机检索系统，能提供从一次文献到二次文献的全面服务，青少年科技创新大赛只有从中国知网、万方数据库、维普网等少数几家数据库检索，内容涉及各种学术会议和期刊的论文、技术报告、专利、标准和规范、报纸、通告等，收藏的数据最早可追溯到19世纪，最新可查到几分钟前公布的信息。据有关资料统计，这些系统包含了世界上98%以上的机读文献，基本能满足科研工作的信息需求。

三、撰写科技查新报告的原则和内容

1. 撰写查新报告的原则

撰写查新报告必须在较全面地掌握大量的第一手材料的基础上进行，如实反映检索情况、检索结果，报告的每一句话、每一个数据都应以文献为依据，做到客观、公正、全面。写查新报告不能感情用事，在进行国内外对比时应以国内为主，省（市）内外对比时以省（市）内为主，系统内外对比时应以系统内为主。同类课题之间的对比要突出其核心，找出最为成功和最有价值的部分。在众多的对比条件中，只要发现其中具有实质性的创新成分，我们都应该予以肯定。查新结果应做到实事求是、严肃认真、以科学为准则，不夸大、不歪曲，不埋没一项真正的成果，也不使低水平的研究混为科研成果。

2. 撰写查新报告的内容

（1）课题的名称。要求应有查新的课题项目名称。

49

（2）查新的目的和要求。一般包括以下几个方面：国内外是否有同类或相似的研究，将与本项目有关技术的内容、指标进行文字或表格对比分析，对本项目的创造性、科学性、实用性的情报进行评价。

（3）检索文献范围。注明查阅的每种检索工具及其他文献资料的名称、卷、期、页，使用的手段、文档名称、检索词、分类号、检索策略、检索范围、年限等。

（4）查新报告的正文。正文为查新报告的主要内容，也是文献分析的主要依据。在编写正文时要运用科技语体、事实、数据，全面介绍与课题有关的问题及目前研究的状况，从而客观地判断该课题成果所达到的水平和意义。

① 查新点是指需要查证的内容要点，是查新课题内容要点中具有新颖性的地方，和查新结论密切相关。请参照查新项目的科学技术（多主题）要点简明扼要地填写，最好一一列出。

② 查新要求是指查新委托人对查新提出的具体愿望。一般分为以下四种情况：一是希望查新机构通过查新，证明在所查范围内国内外有无相同或类似研究；二是希望查新机构对查新项目分别或综合进行国内外对比分析；三是希望查新机构对查新项目的新颖性作出判断；四是查新委托人提出的其他愿望。

③ 查新项目的科学技术要点。要着重说明查新项目的主要内容，包括研究方法、科学技术特征、成果结构、工艺、配方、应用范围以及技术指标和参数或发明点；查新委托人自我判断国内外现有水平。

④ 关键词。选择可能出现在被检文献主题词、标题、文摘等字段中，对表征文献主题内容特别是查新点具有实质意义的词语，所选择的关键词包括同义词、缩写词、相关词、专利号、化学物质登记号、分类号等。应当从查新项目所在专业的文献常用词中选择。

⑤ 参考文献。是指查新委托人列出的与查新项目密切相关的国内外文献（应当尽可能注明文献的著者、题目、刊名、年、卷、期、页），这些文献仅供查新机构在处理查新事务中参考。

⑥ 用户提出委托时，应同时提供一套能详细描述本课题（发明）的技术资料，如研究工作报告（总结）、技术报告、实验报告、测试报告、用户使用报告、鉴定证书等；课题主要参考文献（国内外），以及课题组成员在国内外

发表过的与本课题有关的文献，参考图4-1-1项目查新程序。

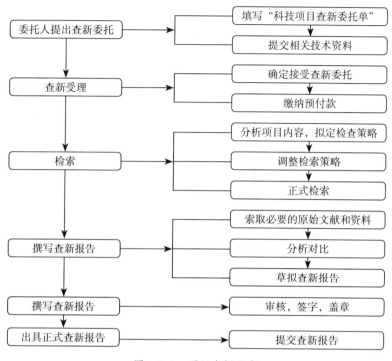

图4-1-1 项目查新程序

⑦ 查新报告结论。应根据检索与查新课题的具体内容、特点进行对比分析，得到新的数据资料和结果，反映其研究成果的水平与价值，使用知网检查的界面如图4-1-2。

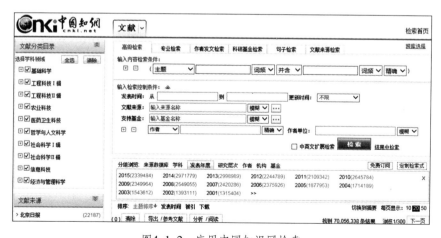

图4-1-2 应用中国知识网检索

四、撰写科技查新报告要注意的问题

1. 撰写查新报告不同于写综述性文章，不能加进个人的观点、意见和分析等

文献综述是作者将所获得的各种文献资料（包括作者自己的实验结果和经验总结）进行系统的整理、归纳、分析和比较后，就某一专题的历史背景、前人工作、研究现状、争论焦点和发展前景等方面贯穿着自己的观点而写出的具有综合性、总结性和评论性的一类文章，在绝对忠实于原文的前提下，做到句句有依据，条条有出处。

2. 对评价性的词句要慎重

查新报告是否写上诸如"填补国内空白""填补省内空白""领先、达到、接近国内外同类研究的水平"等语句，目前尚有争议。有人认为，既然是以"报告"的形式又是情报人员调研的结果，从情报学的宏观角度写出评价是必要和应该的，否则就不能称其为报告。持不同意见者认为，"国际首创""接近国际先进""国内首创""国内先进"等，这些等级语句之间的界面是模糊的，绝大多数情况下，并无明确一个或多个等级指标作为依据来划定其成果等级的水平；另一方面，在现阶段依靠专家集体进行评审或鉴定科技项目和成果是主要方式。因此，不同意对科技成果的水平作"国际或国内先进"这类等级的结论性评语的人占大多数。

3. 查新报告要详细具体，语句要确切

查新报告必须写明查新项目是否新颖、先进，国外、国内、省内有无同类项目，或者按照查新的要求，查新人员要列出查新项目的新颖点，提出哪些指标是新的，哪些指标别人已完成或达到该水平，要用具体的语言写清楚，提供密切相关文献，必要时尽量提供原文。报告应尽量避免使用模棱两可的词句，使人一看到报告就认定其具有科学性和可信性。

第二节　研究方案

　　在确定课题研究的方向和内容后，就要着手制定研究方案。研究方案是对研究工作所作的书面规划，也称研究计划。制定研究方案，是整个研究工作中非常重要的一环，它不仅会影响研究工作的效率，而且会影响研究结果的科学性和真实性。

　　研究方案不仅是研究目的、研究思路的具体化，同时也是研究工作整体的规划图和研究实施过程的路线图。作为规划图，研究方案要交代清楚研究的整体思路、研究过程的框架、研究工作的布局、研究成果的预设等。研究方案制定得越周密详细、越切实可行，就越可以避免研究工作的盲目性、随意性，从而使研究工作能有序地开展，并取得预期的效果。

一、制定研究方案的意义

1. 使研究思路清晰化

　　制定研究方案是小课题研究实施阶段的首要任务，制定方案的过程实际上就是厘清研究思路的过程，通过阐述研究的背景、界定课题有关概念、明确研究目标和研究方法、分解研究内容、确立研究步骤和预设研究成果，使课题研究的工作和过程清晰化。研究方案首先要明确课题研究的主攻方向，提出面临的问题及亟待解决的问题的重要性和必要性，从而增强研究者研究的紧迫感和责任感，使其主动、自觉、积极地投入研究。只有厘清了思路，才能减少和防止研究过程中的随意性、盲目性，少走弯路，保证课题研究规范、有序、有效地开展。

2. 使研究任务具体化

研究方案既是课题研究的规划图，也是课题研究实施的路线图。小课题研究虽然没有宏观研究、中观研究那么复杂，但研究任务、过程必须具体清晰，对解决什么问题（问题）、期望获得什么结果（目的）、解决问题的方法（研究方法）、解决问题的步骤（分几个阶段进行研究，每个阶段做什么、谁去做、怎么做、什么时候做、要达到什么效果，如何考评等）、自己要向别人提供什么样的经验和成果（成果及表现形式）等都要理清楚。制定研究方案就是将上述各项因素具体化，明确课题研究的操作要点，使研究具有可操作性。这样，才能使研究不至于空泛，研究也才能真正得到落实。

3. 使研究过程文本化

就课题研究而言，再好的创意，再完美的思路，如果只存在于大脑中而没有将其文本化，也是没有意义的，既不利于自己操作实施，也不利于交流沟通。制定研究方案是项创造性的工作，要求以文本的形式将研究构想思路显性化，以此作为研究者的行动指南，同时也可作为中学生研究者与指导教师之间交流的依据，更重要的是可以征求专家同行及各方面人士的建议，使研究设计及其研究实践更趋完善。学习制定方案，也有助于训练和提高中学生参与小课题研究的能力。

研究方案的质量，不在于文辞的华美和研究目标的宏大，主要看课题研究的意义是否表述得充分、清晰，研究的目标是否明确、具体，研究的内容是否小而实，研究的方法是否科学，研究的做法、步骤是否切实可行。

二、研究方案的内容

相对宏观课题研究和中观课题研究而言，小课题研究的过程相对简便一些，但简便不等于随便，俗话说，麻雀虽小，五脏俱全，只有制定周密完整的研究方案，才能为研究工作的顺利开展奠定基础。小课题研究方案的内容大致包括以下几个方面。

1. 课题名称

课题名称是课题最高度的概括，表述时应包括课题的研究对象及其范围、研究内容和研究方法三部分。一个好的课题名，要符合准确、规范、简洁、醒目的要求。准确，就是课题名称要把课题研究的问题（研究内容）是什么、研究的对象是什么交代清楚。规范，就是所用的词语、句型规范、科学，特别是结论式的句型不能用。简洁，就是名称不能太长，能不要的字尽量不要，一般不要超过20个字。醒目，就是课题研究的切入口适宜、新颖，使人一看就对课题有深刻的印象。

2. 界定课题概念

界定课题概念就是对课题的关键词作一个明确的解释。在日常生活中，有些概念或词语看起来很熟悉，但又说不出确切的意思。概念界定就是要把这些似懂非懂、似是而非，看起来熟悉又说不清楚的词语说清楚、讲明白。课题的核心概念和关键词，不仅对于课题的清晰表述具有重要意义，而且对于课题的实践操作具有重要作用。如果研究者对所研究课题的基本概念理解不清、模棱两可的话，那这个课题就无法研究，因为科学性是选题与研究的基本前提。因此，做研究一定要踏踏实实地把课题研究涉及的概念、术语弄懂、弄透。

3. 明确研究目的

研究目的是研究的"航标"，它不仅仅是一项课题研究要达到的结果，也是解决所研究的问题的程度。小课题研究的目的不在于多，关键指向要具体明确。一般，中学生做小课题研究的目的是希望通过研究获得知识与素养，表现为知识的增长、经验的丰富、基本技能的掌握、学习能力和学习效率的提高、学科核心素养的培养。

4. 分解研究内容

分解研究内容的过程，是研究内容和研究重点进一步清晰的过程，也是未来研究中将课题做深入的重要起点。一般来说，对课题研究内容进行科学的分析与分解包括两个方面：一是课题研究目标的总体呈现、总体描述；二是对课题研究内容的细致划分，也就是把一个研究课题划分为若干个子课题。若把做课题和写文章相比，课题名称相当于一篇文章的题目。课题研究内容相当于文章中的段落小标题。所以研究内容应该紧紧围绕着课题名称来确定，不能偏题。

5. 介绍研究的起因

研究起因也就是通常所说的研究背景、原因、缘由等，也有的人把研究的起因称为"问题的提出"。研究起因部分，首先，要分析课题产生的背景，或基于什么样的情况研究这个课题的，即根据什么、受什么启发而进行这项研究的。其次，要说明课题研究的目的和意义，即为什么要研究，研究的价值是什么，解决什么问题。对于学生小课题，只需要结合学校实际和个人的学习实际情况作简要的说明，但必须把课题产生的来龙去脉说清楚，阐明课题研究的现实意义，有利于明确研究目标、厘清研究思路。

阐述这部分内容之前，最好认真、仔细地查阅与本课题有关的文献资料，了解前人或他人对本课题或有关问题做过哪些研究及研究的指导思想、研究范围、方法和成果等。把已有研究成果作为自己研究的起点，并从中发现以往研究的不足。确认自己的创意，从而确定自己研究的特色或突破点。这样，既可以更加突出本课题研究的价值与意义，也可以开阔眼界，启发想法，拓展思路。

6. 说明研究的依据

小课题研究的依据主要包括两个方面：一是理论依据；二是实践依据。

中学生小课题研究并不需要学生具备高深的理论知识，但这并不意味着他们做小课题研究不需要理论的支撑。因为，任何一个作为课题研究的学习问题都由一个或一组最基本的研究单位组成，并属于一个或几个研究领域的科学体系，其中作为研究这个课题所必需的学习规律与理论就是支持这个课题研究的依据。

7. 选择研究方法

中学生小课题研究是一种操作简便的应用性研究。操作简便包含了研究方法的简便，运用方法的要求没有宏观课题研究、中观课题研究以及专业人员的研究那样严格和复杂，但这不是说做小课题研究不要方法。中学生进行小课题研究必须掌握一些基本的研究方法。只有正确、合理地使用研究方法，才能保证小课题研究的科学性、合理性，同时也能提高研究效率，提高研究成果的可信度。

研究内容决定了研究方法，也就是说不同的研究内容要用不同的研究方法，但研究内容和研究方法并不是一对一的关系，有的研究内容可以或需要用多种方法进行研究，我们只能根据不同类型（内容、条件）的研究课题，从不同角度选择研究方法。选择研究方法的一般依据：一是根据阶段研究任务确定方法；二是根据研究对象确定方法；三是根据课题研究的延续方向确定方法；

四是根据研究所用的技术手段选择研究方法。

从具体应用的角度看，中学生做小课题研究的方法一般有模仿法、总结法、实验法、叙事法、案例法、调查法等。

8. 设计研究步骤

在研究实施阶段，不少中学生作为研究者不知道做什么，也不知道怎么做。之所以如此，是因为在研究实施阶段没有具体的研究措施，在安排具体研究工作时，没有落实研究内容和研究方法。

研究步骤是研究方案的主体，是研究的路线图，越详细越便于实施。每个阶段的工作任务和要求，每个阶段需要的时间如何安排都要在方案中体现出来。这样，研究者不仅可以根据方案的安排有序地进行研究，还可以在研究的过程中自我督促、检查方案完成的情况，从而保证按时、保质完成小课题研究。小课题研究的指导老师也可依据此研究程序对课题研究进行检查、督促和管理。

实践证明，研究实施阶段的工作安排得越详细具体，操作起来就越方便，研究的效果也就越好。反之，操作困难，研究的效度和可信度都比较低。

9. 研究成果及呈现方式

在研究方案中设计出成果形式，从研究者的角度来说，可以明确将来用什么形式表现研究成果，从研究的起始阶段就可以着手向这方面努力，积累材料，构思框架，进行分工，以利于形成研究成果。从课题研究的指导老师角度来说，可以据此进行检查与督促。小课题研究成果的主要形式有研究报告、教学设计、随笔故事、论文、案例等。中学生小课题研究，预设的研究成果不在于多，关键要有质量、有价值。

以上是研究计划的基本内容，小课题研究涉及的内容可能还不止这些，研究者应根据研究的实际情况进行取舍。

三、制定研究方案的一般程序

1. 收集相关研究资料

在制定方案之前，要收集、分析、整理同类课题的研究资料，在学习、借鉴他人研究经验的基础上，厘清自己的研究思路，规划研究过程。

2. 撰写方案初稿

根据自己研究的目的、研究的内容以及解决问题的难度等确定研究方案的内容、结构和格式，并写出初稿。

小课题研究方案没有统一的格式，有的地方提倡简便，有的地方则要求翔实。不管简便还是翔实，不管怎样安排课题研究方案的结构，也不管怎样表达，诸如研究目的和意义、内容和方法等这些基本要素在研究方案里是必不可少的。小课题研究方案的基本格式如下：

课题名称：包括研究对象及范围、研究内容、研究方法。

问题描述：描述遇到的问题及课题产生的过程。在描述时，一般都是采用白描的手法叙述此课题产生的过程，即我遇到的什么问题。

课题界定：对课题关键词、核心概念进行解释，提示课题的研究方向和范围。

研究调查：在开展研究前，了解一下与本课题研究有关的情况，包括研究的主要成果和不足。

研究思路：本课题的研究方法、实施步骤、时间安排及研究措施等。

预期成果：该研究期望取得的成效。

援助要求：需要学校或指导老师为研究提供的帮助和支持。

3. 完成方案定稿

初稿写好后，要通过多种形式听取、征求同学与指导老师的意见，有可能的话要争取专家的指导，反复修改，最后形成定稿。

当然，在实践中，中学生小课题研究方案的制定并不需要这样程式化，不少研究方案是在研究的过程中生成并不断完善的。尤其对刚刚参与研究的中学生来说，是一个改进与提高的过程。因此，可以在研究的过程中不断地修补研究方案，使之更具有科学性、针对性、操作性和时效性。

第三节　小课题研究的常用方法

"工欲善其事，必先利其器"，良好的研究方法是解决问题的钥匙。许多中学生在开展小课题研究时都希望获得一种最好的研究方法。其实，小课题研究没有固定和万能的研究方法，因为针对不同类型的课题，需采用不同的方法，即使是同一研究课题，往往也会交叉采用不同的方法，小课题的研究过程就是研究者运用多种研究方法解决问题的过程。为了帮助中学生在小课题研究中选择更合适的研究方法，这里介绍一些常规的研究方法以供参考。

一、模仿法——移植经验

模仿是人类，乃至动物界学习的最简单、最常用的重要方法。如果说，中学生搞小课题研究有什么捷径可以走的话，那么，模仿法——移植经验可以算是最佳之选。特级教师薛法根曾说过，"移植别人优秀的、成功的科学成果，虽然是一种简单的验证性的实验研究，但对刚刚踏入科研大门的人来说，仍不失为一条捷径，既能体验科研的过程，又可以夯实自己的科研基本功。"

模仿法也叫移植法。移植，顾名思义，是将一株植物从一个地点转移到另一个地点进行栽培，喻意文章方法、精神风格等的模仿性转移。这里的经验移植法是指中学生将别人做课题的经验与方法用在自己的小课题研究之中。

中学生在做课题时可以广泛地运用模仿法。比如你不知道如何写好一个课题研究方案，可以在指导老师的引导下查看一些优秀的课题研究方案，从文章的结构形式，到每一部分的具体细节都要进行仔细的研究。有了案例的引领，再根据自己的小课题研究主题书写课题研究方案就比较简单方便。由此可得出模仿法的基本程序为：

第一步，学。在指导老师引导下阅读优秀的小课题资料，共同研讨交流，分析总结别人优秀的模式与方法。

第二步，仿。在学习别人优秀经验的基础上"依葫芦画瓢"，模仿着找研究方法、写研究方案等。

第三步，创。在模仿的基础上找到具体的研究方案后，结合自己的小课题主题与实际情况，再进行调整、修改、设计，起于模仿而高于模仿，逐步形成最合适的课题研究方案与方法。

第四步，写。通过对小课题的研究，逐步分析整理相关材料，总结经验，并记录下来，经过多次的分析总结，最终内化形成自己的研究经验。

二、总结法——发现规律

所谓总结法，即经验总结法，就是通过对所研究的学习问题或者学习现象进行深入、系统的分析、归纳和提炼，寻找出规律性的东西，由局部"经验"发掘其普遍意义，并以此预测、指导今后学习活动的一种研究方法。经验总结既可以是个人总结，也可以是集体总结；既可以总结自己的经验，也可以总结别人的经验。经验总结也是一种常见的行之有效的研究方法。

（一）经验总结的特点

学习经验是学习者对学习过程的认识和体会，来源于学生的实际学习，但又高于学习实践，它既包含学习实践这一客观存在，又含有学生对学习过程的主观认识与总结。经验总结法具有以下特点。

1. 反思性

经验总结是根据已经开展的学习实践活动与体验，追索学习过程中各种因素的影响作用，从而揭示学习规律。经验总结不是在学习实践活动的过程中进行的，而是在实践活动已经结束、经验事实已经形成后才进行的。也就是说，学习经验总结是对学习时间过程中的现象、感悟和体验进行"反思式"和"回溯式"研究，即事物发生在前，思考总结在后。

2. 实用性

从经验总结法的应用来讲，它具有实用性、适用性的特点。经验总结法的技术环节不复杂，操作程序简单易行。研究者不需要提出研究假设，也不需要操纵、控制研究变量及相关的因素，不要求研究者具备任何特殊条件。相对于其他研究方法，经验总结法费时少、工作量小，中学生可以在学习实践中获得第一手资料，把自己学习中的心得体会、体验和感悟记录下来，加以总结、分析、提炼，形成经验，从而丰富自己的理性认识。运用经验总结法，不仅不会影响中学生的日常学习，而且会提升自身的学习能力与素养水平。

3.科学性

对于学习实践中存在的许多问题，中学生往往是在发生之后才能感觉到它，而感觉到的东西也不一定能认识、理解，不一定能看清它的本质。因为，感觉只是一种感悟、一种体验，这种感悟和体验虽然是客观事实的真实反映，但它们只是表象的、浅显的、朦胧的、杂乱无章的。经验总结就是将这些潜意识的、朦胧的、零散的感悟和体验进行整理、归纳，用科学的方法对其进行去粗取精、去伪存真、由此及彼、由表及里的加工改造，再经过主观的思考分出层次、找出规律，这时的感悟和体验就上升为了经验。

4.实践性

经验总结的事实源自实践。一般来说，经验总结多是针对中学生在学习实践中遇到的具体问题，包括中学生对已有知识的具体运用的问题，也包括对未知事物、典型事例和个别现象的探索与研究。这些都是中学生在小课题研究中积极探索并力图解决的问题。从实践的角度看，中学生只有在实践中探索，在探索中总结，才能从感性认识上升到理性认识；从研究的角度看，中学生的课题研究必须立足学习实践活动、扎根课堂，在实践过程中，调查访问、观察和思考，获得丰富的感性材料，才具备学习经验总结的物质基础。此外，经验总结的成果还需要再到学习实践中接受实践检验，这就是对事物再认识、再实践的过程。

（二）经验总结法的基本类型

1.因果经验总结

因果经验总结是指那些建立并描述原因与结果的相互关系的经验总结。这种类型的总结就是要把各种因果关系建立起来，并描述清楚，只有如此，才算得上较为完备的总结。

2. 过程经验总结

过程经验总结是指那些抓住某些特点，描述实施过程的一种经验总结，它的侧重点在于介绍自己的一些实施方法，把研究的过程条理分明地讲清楚、讲透彻，特别是方法中的独到之处和特点。

3. 证实性经验总结

证实性经验总结是那些用经验证实某个理论或原理的一种经验总结方法。它是以经验材料为依据，以某个已知理论或原理为论点进行论证的。这种经验总结的方法需要内容具体、丰富、生动和具有针对性。因为已知理论和原理已经被他人证实过，我们重复证实的目的就是要将它具体化，使其变得有血有肉，让大家便于学习和掌握。当然，在这种经验总结中，还可以进一步充实、发展和修正理论。

4. 警示性经验总结

这是中学生根据自身的学习经验教训，或者从同伴的错误的学习实践中所总结出来的具有规律性的东西。这种经验通常以经验教训为主，它可以为自己或他人起警示作用。学生们在这种经验的指导下可减少学习问题，节约时间，提高学习效率。

（三）经验总结法的一般步骤

学习经验本身具有广泛性、群众性和多样性的特点，而其内容又相当复杂，一般不可能控制在特定条件下进行总结，也难于制定统一的总结经验的方法步骤。因此，我们只能根据具体实践过程提出一般的实施步骤。

1. 确定专题

确定专题是指根据总结经验的原则，确定总结经验的方法和题目。专题的选择，必须从实际出发，一般来说，经验总结应以具体的学习实践活动为前提来确定专题，即要考虑所进行的研究的价值、开展研究的条件等问题。为了全面考察学习实践过程，就需要总结正反两方面的经验与教训。因此，在确定研究专题时，不仅要考虑典型性，而且要考虑代表性，常常应包括好、中、差三种类型。就其结构来说，经验总结的对象，既可以是集体也可以是个人。

2. 拟订提纲

拟订提纲实际上是指对总结经验过程的构想，包括总结工作进行的轮廓，即总结的起始、程序、实施、分析和综合以及总结的验证。因此，要拟订出一个切实可行的提纲，一是要明确经验总结的目的、任务和基本要求；二是要组织人员，合理分工，明确职责；三是要留有余地，充分考虑实施计划的可行性。

3. 收集资料

收集资料是指确定专题、拟订提纲之后，研究者要根据专题、提纲确定收集资料的量和质以及资料来源、方法。由于影响学习实践活动的因素复杂多样，因此，收集资料应注意以下问题：一是要做到细致、完整、全面、客观，不能遗漏相关的资料；二是要围绕经验总结的中心内容，重点包括背景材料、历史材料；三是采用多种方法收集各种文本材料，包括学习笔记、学生日记、对实践活动的观察记录、学校文件、会议材料等。

4. 分析资料

在收集资料的同时或之后，要对资料进行分析，这是经验总结的一个重要环节。分析资料的目的是将经验事实上升为理性认识。主要任务是通过分析比较、归纳演绎、甄别真伪资料，判断资料的重点和非重点，厘清复杂资料的内部结构联系和各种因果关系；同时，还应注意分析资料本身所具有的普遍意义和规律。

5. 文字表述

经验总结的成果一般体现为经验总结报告，其文字表述须简练、准确、逻辑性强。正确表述经验是总结经验的关键。为此，要做到鲜明观点与充实材料相统一，经验描述与理性概括相统一。

经验总结报告一般由以下部分组成：一是所总结的学习实践活动的简要、全面的回顾；二是学习实践中采取的主要措施、引发的现象、取得的学习成果；三是对学习措施和学习成果之间因果联系的认识和讨论；四是在今后类似的学习活动中如何吸取这类经验、克服缺点、避免重复错误的想法与建议。

6. 修改

修改是总结经验的一项不可缺少的工作。修改应注重经验的总体结构是否合理、语句是否通顺、用词是否准确。总结经验是要给别人看的，因此，从写作前到写作后，从内容到形式，都要反复推敲，精益求精，并以此来不断提高自己总结经验的水平。中学生在修改的过程中可与指导老师充分讨论，反复琢磨。

三、实验研究法——探索规律

所谓实验研究法，是针对某一问题，根据一定的理论或假设进行有计划的实践，从而得出一定的科学结论或规律的方法。从专业的角度来说，实验研究是一种受控的研究方法，通过一个或多个变量的变化来评估它对一个或多个变量产生的效应。实验的主要目的是建立变量间的因果关系，一般的做法是研究者预先提出一种因果关系的尝试性假设，然后通过实验操作来进行检验。为了进一步阐明实验研究法，我们需要搞清研究假设、常量和变量的概念。

所谓研究假设，就是根据一定的观察事实和科学知识，对研究的问题提出假定性的看法和说明。其实，研究假设也就是研究问题的暂时答案。因为你通过对周围事物的观察后，会产生一些疑问，进而对这些疑问进行思考，你会根据自己的理解，或查阅有关资料，或请教有关人员，然后提出假设，对你的疑问作一种临时性的回答；假设与定理或结论本没有很大区别，只不过假设是有待证实的定理或结论，定理或结论是已经证实的假设。二者只有程度上的差异，没有性质上的区别。

常量是指研究课题中所有个体都具有的特征和条件。在某一数学或自然科学问题讨论过程中（或在某些条件下）保持不变的量就是常量。

变量是研究设计初期就要考虑的问题。根据变量发挥作用的不同，可以分为自变量与因变量、缓冲变量、中介变量、外源变量等。

自变量（又称作实验因子或实验因素），它由实验者操纵，由实验者自身独立的变化而引起其他变量的变化。因变量是一种假定的结果变量，是对自变量的反应变量，它是实验变量作用于实验对象之后所出现的效果变量。中学生在做小课题研究时，一定要确保实验因变量有一定的可测性。无关变量（也称"控制变量"），那些不是某实验所需要研究的、自变量与因变量之外的一切变量，统称为该实验研究的无关变量。为了很好地探索因果关系，以确实保证因变量的变化是由自变量的变化所引起的，就必须排除其他无关因素的影响，控制无关因素，使实验除了自变量以外的其他条件保持一致，这样才能保证实验研究具有一定的效度。

（一）实验研究法的特点

1.假设

实验研究以"假设"为起点。"假设"是实验研究的前提，没有假设就没有实验研究。实验研究的过程是围绕验证假设展开的，假设是航标，指明研究的方向。研究者可以验证自己提出的教育假设，也可以验证他人提出的假设。但假设要有一定的事实或理论根据，并不是凭空瞎想或幻想。一个科学的假设，答案必须是存在的、可以预测的，而且是可以被实验所验证的。

2.验证

实验研究是使用测量和统计的方式对假设进行"验证"。研究者在实验开始时往往需要对因变量进行测试（即前测），在实验结束后再对因变量进行测量（即后测），比较前测与后测的差异值就可以"验证"假设。如果没有差异，就说明自变量对因变量没有影响，从而推翻假设。如果有差异，则可证实原假设，即自变量对因变量有影响。

3.控制

实验研究以"控制"的真实情境作为验证的前提条件。为了排除其他因素的影响，实验者必须采取一定的"控制"措施，在实验研究中，接受实验处理的一组研究对象称为实验组（实验组可能有多个），不接受实验处理的一组研究对象称为控制组（控制组也可能有多个）。实验结束时，比较实验组和控制组便可看出实验处理产生的差异，控制组提供了测量实验变异的参考点。实验组和控制组在实验过程中，全都处于同一条件下，只是实验组研究变量接受了实验处理。

（二）实验研究法的基本类型

实验研究根据研究的性质、目的等可以分为不同的类型。

1.纯实验和准实验

根据对变量的控制程度以及实验设计的严格程度，可以将实验分为纯实验与准实验。纯实验是指实验研究人员能够随机地把实验对象分派到实验组或控制组，也可以对实验误差来源加以控制，使得实验结果能够完全归因于自变量改变的实验。准实验是指实验研究人员无法随机分派实验对象到实验组或控制组，也不能完全控制实验误差来源的实验。由于管理问题的复杂性和难控制性以及传统实验的局限性，准实验在管理研究中越来越受到重视。

2. 实验室实验和实地实验

根据实验的实施场所不同，可以将实验分为实验室实验与实地实验。实验室实验是指在有专门设备的实验室中进行，并对实验的条件、控制以及实验设计都有严格规定的实验。某些科学类小课题研究也可以在实验室进行。实地实验是指在实际情境中进行的实验，也称现场实验。由于人们对管理研究结果的现实意义或外部效度越来越重视，因而管理研究中的实验越来越倾向于实地实验。实验室实验和实地实验的划分与纯实验和准实验的划分具有很大的一致性。

3. 探索性实验和验证性实验

根据研究的目的不同，可将实验分为探索性实验和验证性实验。探索性实验是指人们从事开创性的研究工作时，为探寻未知事物或现象的性质以及规律所进行的实践活动。严格地说，探索性实验实际上是一种试验，因为探索性实验的假设是不完善的，变量难以控制，只能边尝试、边改、边完善。验证性实验是指对研究对象有了一定了解，并形成了一定认识或提出了某种假说，为验证这种认识或假说是否正确而进行的一种实验。

此外，还可以根据实验设计的形式划分为单组实验和等组实验，根据实验的深度或进程将实验划分为预实验与真实验等。

（三）实验研究法的一般步骤

1.根据假设分解因变量

为了便于观察和测量，需要将因变量分解为可测量的指标，分解因变量的指标要注意以下几点：一是指标与实验目的要密切相关；二是指标必须具有一定的客观性；三是指标必须具有一定的区分度，即因变量指标的变化能明显地反映自变量的变化。

2. 实验方案的设计

实验方案的设计就是对实验的过程进行全面规划，一方面是实验操作部分，即确定实验自变量的内容以及操作方法和实施程序；规定有关实验对象的选择原则、分组方法和实施程序；制定无关变量控制的方法与程序；对因变量的指标进行分解以及观测设计；确定实验资料的积累要求、实验数据的处理方法等。另一方面是实验管理部分。制订以上述内容为核心的实验工作计划，包括组织保证、规章制度、设备筹划、经费使用和时间进程的安排等具体方案。

3. 实验资料的整理

整理实验资料是对前面工作的总结，也是对实验结果的陈述，同时也是实验目的的体现。它一般分为两个部分的内容：一是整理汇总实验材料，对观测记录进行统计、分析，描述实验结果，检验假设，提出理论解释和推论。二是撰写研究报告。根据实验结果和前期的文献资料撰写研究报告。研究报告是实验的最终成果。

四、叙事研究法——讲述研究故事

叙事研究是研究者通过描述个体生活，搜集和讲述个体学习故事，在解构和重构事件过程中分析个体行为和经验，同时获得解释性理解的一种活动。

中学生的学习叙事研究在其展开过程中是一种有关个体学习、生活故事文本的分析研究。个体的学习、生活故事是学习叙事研究的基础，它们的叙事形式多种多样，诸如个体的自传、传记、个人叙事、叙事访谈、个人档案、生活故事、口述历史、有关的论文集等。个体的学习生活故事与研究者的现场笔记、研究访谈等有机结合，被挖掘整理成为供研究者分析的现场文本。因此，纯粹形式上的学习叙事研究过程就是研究者和参与者保持协商，围绕建立现场文本，解构和重构现场文本，形成最终研究文本的过程。研究者必须从众多现场文本之中把握个体教育生活现象中的本质及其经验的意识构成，揭示、解释现场文本没有直接显示给我们的直观和描述的那些意义，不仅仅是做出解释性的推论，还要揭示现场文本隐蔽的意义与规律。

（一）叙事研究的特征

（1）叙事研究是一种质的研究方法。在质的研究方法的问题上，其定义是：质的研究是指在正常的自然环境下利用各种方法对事实情况进行全面性研究，在与研究对象互动的基础上对其意义和行为进行建构，研究工具就是研究者自己，使用归纳法分析资料和形成理论，最终获得解释性理解的一种活动。叙事在本质上归于质的研究方法，所以其研究具有研究质的方法的基本特点，比如说，具有研究者自身的工具性；自然情境性；对事实的解释性和建构性；

自下而上的归纳性等。

（2）叙事研究是研究者本人直接融入并成为主体的研究。研究者本人在学习叙事研究中作为研究的工具，他在与研究对象的实际交往和直接互动中，自身通过长期体验学习实践活动，利用发生的各种各样的生活故事和丰富多彩的学习现象，对这些事件认真观察、深入分析、不断反思，从而获得一些理解或建议，这就是研究者自身作为主体的直接介入。

（3）叙事研究是一种"真实"的研究。中学生的学习叙事研究是中学生从学校生活出发，从学习实践出发，从自然的学习情境出发，从学习事实出发所进行的研究，此研究最重要的特征是"真实"，它反映的是中学生在学习实践中对所有"真实"的过程所作的详细记录、细致观察和入微探究，这应该就是对事实或事件所获得的解释性建议。

（4）叙事研究是一种反思性研究。反思是叙事的根本特征。反思是叙事的"源"，离开反思，中学生就不能在叙事中深化对问题或事件的认识，不能提升已有的经验，不能找寻行为或事件背后所隐含的意义、理念和思想。所以，离开了反思，学习叙事研究就会成为"无源之水"，变成为叙事而叙事，就会失去它的目的和意义。

（二）叙事研究的分类

叙事研究按写作文本可分为以下几类：

1. 叙议式

所谓"叙议式"文本，就是采用夹叙夹议的手法。叙，就是叙述中学生在学习活动中的事情和故事；议，就是针对所叙述的事情发表自己的看法。"叙"和"议"交叉进行，在夹叙夹议的阐述中层层深入，把所要论述的主题讲清楚。

2. 反思式

所谓"反思式"文本，就是在叙述学习实践过程后反思自己的做法，这也是叙事研究的另一种常见的写作形式，作者在反思中提高了认识，读者在反思中受到了启发。

3. 陈述式

所谓"陈述式"文本，就是用叙述的笔法，客观地描写自己或他人的学习实践过程，虽然其中含有自己的心理活动和反思，但总的来说不过多地加以评论，让读者自己从客观陈述的事实中作出判断，得出结论。

4. 比较式

所谓"比较式"文本，就是将两种或几种学习事实放在一起进行比较，在比较中得到启发和提高。比较可以是将自己的学习事实纵向比较，也可以是将自己的学习事实与别人的学习事实横向比较，目的都是在比较中提高自己对学习规律的认识。

5. 点评式

所谓"点评式"文本，就是在叙事研究报告中，请他人对其中某些环节或细节进行点评。这样做，可以引起读者对这些地方的注意，并且可以启发读者思考或引起共鸣。点评也可以放在文章的结尾处，表达出点评者对这篇学习事件的总评价。

6. 质疑式

所谓"质疑式"文本，就是阅读了别人撰写的叙事研究报告后，对文本中的某些观点或情节提出不同的意见或看法，与作者进行商榷或讨论。

（三）叙事研究的一般步骤

尽管叙事研究的一般形式仍然处于开发之中，笔者认为，叙事研究的基本步骤包括以下几个方面。

1. 确定研究问题

中学生叙事研究的研究问题来源于实践领域的学习问题与现象。研究者可能同时关注多个学习现象，可以采用不断聚焦、凝练的方法来鉴别值得探究的学习现象以及内隐的研究问题。这一过程需要考虑三个方面的因素。一是所探究的教育现象与内隐的研究问题要有价值，如对中学生自身的发展，对改善学生的学习氛围与生活有所帮助等。二是所探究的学习现象及内隐的研究问题要有新意，新意既包括这类学习现象或问题至今尚未探究，也包括对别人而言可能不是新问题，但相对于研究者本人而言这些学习现象或问题仍然存在疑问或被其困扰。三是具有可行性，即具备主观条件、客观条件和时机条件。主观条件是指研究者要考虑自己的知识储备以及能力是否能够胜任研究工作，是否了解叙事研究方法，研究过程中能否及时补充所需要的知识等；客观条件是指具备探究这类学习现象或问题的环境；时机条件是指研究者当前及其后一段时间内可以对这类学习现象或问题进行持续探究。

2. 选择研究对象

选择研究对象是研究得以进行的保证。因而它需要研究者与被研究者的互动与合作。首先，研究者要比较敏感，能够细致入微地把握研究环境和研究对象。其次，研究者的研究活动要得到被研究者的认同、理解，双方应有在研究中共同进步的要求。因此，选择好的合作伙伴，是叙事研究的重要一步。当然，也可以把自己作为研究对象。

3. 收集故事，建构现场文本

研究现场是叙事研究获取真实资料的直接来源。在叙事研究中研究者走进现场进行观察、记录，收集个体学习故事，建构现场文本是一项基础性工作。如果现场文本积累较少，缺乏时间的连续性和内容的延续性，学习叙事研究将无法进行。

叙事研究现场文本的类型较多，现场文本可能来自研究对象的学习实践故事、生活故事、自传、札记、录音（像）材料，研究者和研究对象之间的讨论、对话、访谈的文本，研究日记，研究者或参与者所做的现场笔记，有关文件、照片、记事簿，研究对象个人或者与他人、家庭、社会的交互中形成的作品、生活记录以及信件等。不同类型的现场文本的建构方式有所不同。如现场笔记是一种以现场记录为主的重要的书写体裁，它的书写可详可简，也可以穿插或多或少的诠释与思考。

4. 编码并重新讲述故事

重新讲述故事不仅对学习叙事研究新手是具有挑战性的工作，也是所有中学生作为叙事研究者面临的困难工作之一。从纯粹技术的角度看，每一个学习故事的重新讲述一般需要以下三个阶段。第一，写出原始故事。这一阶段相当于完成从现场到现场文本的建构工作。第二，编码和转录故事，把收集到的现场文本的故事由研究者按照故事所包含的基本元素进行编码、转录。第三，利用故事的基本元素重新书写故事。研究者把已经转录出来的"骨架"型故事，按事件发生的时间先后顺序重新书写成清晰的包含故事基本元素的一个序列性的文稿，往往以第一人称讲述。

5. 撰写研究报告

研究报告的撰写既包含研究者对所观察到的"事"的故事性描述，也包含研究者对"事"的论述性分析，两者相辅相成，构成了研究报告中的细腻的情感氛围和浓郁的叙事风格。叙事研究强调细致的描述和深刻的分析，使中学生的学习或生活故事得以更丰富地呈现，也因此具有不可替代的意义。

五、案例法——描述规律

案例是含有问题或疑难情境的真实发生的典型性事件。所谓案例法是通过对中学生在学习实践中遇到的典型的有价值的现象，进行描述总结，从而探索发现学习规律的过程。学习案例也是一个有关学习情境的故事。在叙述一个故事的同时，人们常常还会发表一些自己的看法，也就是点评。所以，一个好的案例，就是一个生动的故事加上精彩的点评。中学生的学习案例一般由背景、案例事件、反思分析与启示等部分构成。

（一）案例法的特点

1. 情境性

学习案例是通过事件找理论，是通过故事说明道理，是对已发生的学习过程的反映，是写在学习实践之后，是从具体到抽象的归纳思维。学习案例是根据特定的时空情境描述、解释某一学习实践事件，而不是抽象地考虑问题、得出结论。这里的情境有两层意思：一是在自然状态下发生的，而不是像实验研究那样通过人为控制产生的；二是真实发生的，而不是想象或虚构的。这就要求研究者本身就是实践者，深入研究现场收集资料，并且在甄别和筛选资料时，客观、中立、真实地再现事实，不能有某种期待和偏向。

2. 典型性

学习案例不是有闻必录，而是根据案例主题和问题有所选择地记录。案例中学习场景或情境的实录可以是一个片段，也可以是学习实践的整个过程的实录，还可以是几个存在共同问题的片段。不论这个案例是一个集体、一个人，还是一次活动，都必须具有典型意义，因为案例是以揭示某一现象的深层次含义为主要目的的。

3. 合作性

案例不是一个人坐在书斋里独自完成的。它要求研究者走进学校和课堂，走近教师和学生，通过实地考察、亲身体验和访谈交流等，了解在"自然、真实的情境"中到底发生了什么事、为什么会发生、产生了什么后果以及当事人对此的感受和看法，在这里，研究者与被研究者的角色是模糊的。案例研究需要一个集体，为了一个共同目标而在一起开展合作研究。

4. 开放性

一是题材开放。案例的内容可以是课堂学习、课外学习、中学生的学习生活等。

二是形式开放。案例写作有大体的框架，但没有固定不变的格式。

三是人员开放。人人都可以作为案例的研究者与被研究者，中学生进行案例研究更是有得天独厚的条件和优势，他们周围的每一位老师、同学等都可以作为他们学习实践活动中的研究对象。

四是对案例的分析和解读开放。不管是什么样的案例，都可以从不同的角度进行分析研究和解释，也就是说，对案例的分析研究和解释可以是多元的。

（二）案例法的类型

1. "事实描述+点评"

这类案例中第一部分为实录性的事件描述；第二、三部分为理性的分析、思考和点评过程，提出自己的独特见解。

2. "问题描述+点评"

第一部分提出建议思考的问题，供阅读者定向思考；第二部分是案例实录；第三部分是作者的观点。

3. "全程描述+反思"

这类案例分别描述准备、设计、过程、反思等整个活动的全过程。它是目前中学生的案例研究中比较提倡的新颖的学习活动设计反思模式。

有时，反思日记也可视作一种特殊的教育案例。学习日记同样可以提高学生分析问题、解决问题的能力，寻找良好的学习规律。以日记方式来描述案例时，仍要注意事实描述与分析点评两项内容都不可废弃。

（三）案例法的基本步骤

案例法的基本思路是把学习实践过程发生的学习事件和处理的全过程如实记录下来，写成"案例过程"，然后围绕案例过程反映出的问题进行分析，提出解决问题的策略以及值得探讨的问题，最终解决问题。中学生使用案例研究法一般要经过以下几个阶段。

1. 确定主题

案例主题反映了案例的中心思想和主要内容，也就是表明了案例要表达什么、说明什么和阐述什么。案例的主题要鲜明、深刻、有现实意义。案例主题一般要涉及中学生学习实践中的重点、热点和难点问题。对于中学生小课题的案例事件可以是一件小事，但透过现象所反映的主题并不小，能够以小见大。

2. 分析背景

背景是案例写作的起因，主要说明案例发生的环境和条件。背景可以从以下方面展开：首先，描写学习过程中遇到的难题；其次，提供一些基本情况；最后，具体、明确地叙述对中学生学习产生重要作用的学生的文化、种族背景等。背景介绍并不需要面面俱到，重要的是说明故事的发生是否有什么特别的原因或条件。

3. 案例描述

有了主题与背景，就要对原始材料进行筛选，有针对性地选择最能反映主题的特定内容，紧紧围绕主题把事件中关键性的细节写清楚，凸显讨论的焦点。特别是事件中问题是如何提出的，又是如何解决的。

在案例撰写的初期可以较为鲜明地提出问题，让读者直接获得有关问题发生的各种信息。随着案例撰写的深入，要逐渐将问题与其他事实材料交织在一起，使读者通过分析确定问题的所在。

问题的解决过程是案例描述最重要的一环。首先，主题突出。要根据主题和问题对原始材料进行筛选，通过对环境、人物、活动情境等细节的描述，有针对性地展现问题解决的过程、步骤以及问题解决中出现的挫折。其次，内容真实、情境完整、取舍恰当。案例素材要反映实实在在、完完整整的学习事件，要避免虚构和杜撰，但要尽量精简那些与主题或问题关系不大的内容。再次，叙述客观。对案例事件的描述应是坦率的、中立的，对被研究者的心理活动、观念冲突、情感等方面的描写都是客观的，描述过程中，不能直接地提出问题、表述观点，不能流露研究者的主观态度。要让读者仔细品味，悟出其中的道理。最后，揭示人物的心理。人物的心理则是案例故事发展的内在依据。面对同一个情境，不同的学生可能有不同的处理方式。通过对人物心理的揭示，向读者展示，为什么会有各种不同的做法，这些行为的内在逻辑是什么。这样，案例的描述就能深入人心，让读者"知其所以然"。

4. 反思与讨论、诠释与评析

围绕案例主题，设计一份讨论的作业单，然后提出建议讨论的本体性问题以及扩展性问题。

反思是在描述案例事件基础上进行的合理的、有针对性的评述与分析，要揭示案例事件的意义和价值。反思与讨论并不见得要面面俱到，选择重要的方面或印象深刻的方面加以思考也就可以了。对于已写成的案例，要反复阅读，依据案例的基本目的和主要问题，力求抓住要害，深入细致地进行分析，论述时要画龙点睛，把问题点明，把道理说清，把主题揭示出来。对案例做多角度的解读和反思，回归到对学习实践基本面的探讨才能展现案例的价值。

从一定意义上来说，案例的质量是由思考水平的高低决定的。因为，选择复杂情境也好，揭示人物心理也好，把握各种写作结构要素也好，都是从一定的观察角度出发，在一定的思想观点的引导下进行的。要从纷繁复杂的学习现象中发现问题、提出问题、解决问题，道出人所欲知而不能言者，这需要一双"慧眼"。具备这样的功力没有什么秘诀和捷径，只有通过长期的磨炼去领悟和掌握。

六、调查研究法——研究规律

调查研究法是指通过考察了解客观情况直接获取有关材料，并对这些材料进行分析的研究方法。它一般是研究者有目的、有计划地运用问卷、访谈等方式，收集有关现象及问题的实证资料，进而分析探讨、解释和说明研究问题。在描述性、解释性和探索性的研究中经常运用调查研究的方法，因此，它是小课题研究中最基本的方法，也是在小课题研究中单独使用最广泛、最普遍的一种方法。

（一）调查研究的特点

1. 真实性

调查研究是在自然的状态下，运用问卷、访谈、观察和测量等方式收集资料，对所探讨的对象进行描述，以提供丰富多彩的有关学习实践的实际案例，还可以为学习决策提供有关的统计资料。调查研究不需要人为地控制和干预研究的对象，因而保证了资料的客观性和真实性。

2. 科学性

调查研究一般是为了了解研究问题的现状，但也可以从描述的结果中归纳出学习现象之间的规律，作为预见未来的基础。就小课题研究而言，调查的目的主要是了解、分析和研究问题产生的原因、形态和特点等，从而为研究者更新学习思想、调整学习计划、改进学习方法、制定学习策略及提高学习效率和效益提供事实依据。

3. 现实性

从调查研究的解释功能看，其主要解决三个层面的问题：第一个层面是了解现状，探讨"是什么"的问题；第二个层面是探讨导致现状的原因，解决"为什么"的问题；第三个层面是探讨学习现象或问题之间的关联度，即"如何解决问题"。调查研究可以深入了解学生的学习现状，发现问题，弄清事实，操作比较灵活、简便，收集资料广泛、迅速，节省时间和经费。

但调查研究也有它的局限性：首先，调查往往难以确定问题的因果关系。其次，调查的成功往往取决于被调查者的合作态度，更多地受制于研究对象。再次，调查的可靠性有一定的限制，调查者的主观倾向、态度都有可能影响被调查者，使调查的客观性降低。最后，调查很少采用比较组设计，仅凭一组调查往往缺乏研究的有效性，推论到总体中要慎重。

（二）调查研究的基本类型

在小课题研究中，要根据研究的目标和内容选择和确定适当的调查类型。这样才能有效地制定调查方案，确定调查对象、调查方法和调查程序。在分类时既可以根据调查阶段的不同特征划分，又可根据分析研究阶段的不同特征划分。各个类型虽然各不相同，但它们的共同点都是运用调查的方法收集资料，并通过资料的分析得出对学习现象的理性认识。选择合适的调查方法直接关系调研工作的开展。以下是常用的几种调研方法，可供中学生做调查研究时参考。

1. 实地观察法

调查者在实地通过观察获得直接的、生动的感性认识和真实可靠的第一手资料。但因该法所观察到的往往是事物的表面现象或外部联系，带有一定的偶然性，且受调查者主观因素影响较大。因此，不能进行大样本观察，需结合其他调查方法共同使用。通常适用于对那些不能够、不需要或不愿意进行语言交流的情况进行调查。

2. 访谈调查法

该法是比实地观察法更深一层次的调查方法，它能获得更多、更有价值的信息，适用于调查的问题比较深入，调查的对象差别较大，调查的样本较小，或者调查的场所不易接近等情况。包括个别访谈法、集体访谈法、电话访谈法等。但由于访谈标准不一，其结果难以进行定量研究，且访谈过程耗时长、成本较高、隐秘性差、受周围环境影响大，故难以大规模进行。

3. 会议调查法

这种方法是访谈调查法的扩展和延伸，因其简便易行故在调查研究工作中比较常用。通过邀请若干调查对象以座谈会形式来收集资料、分析和研究社会问题。最突出的优点是工作效率高，可以较快地了解到比较详细、可靠的信息，节省人力和时间。但由于这种做法不能完全排除被调查者之间的社会心理因素影响，故调查结论往往难以全面反映真实的客观情况。且受时间条件的限制，很难做深入细致的交谈，调查的结论和质量在很大程度上受调查者自身因素影响等。

4. 问卷调查法

即间接的书面访问，该法最大的优点是能突破时空的限制，在广阔的范围内，对众多的调查对象同时进行调查，适用于对现时问题、较大样本及较短时期、相对简单的调查，被调查对象应有一定的文字理解能力和表达能力。由于问卷调查法只能获得书面的信息，而不能了解到生动、具体的情况，因此该法不能代替实地考察，特别是对那些新事物、新情况、新问题的研究，应配合其他调查方法共同完成。

5. 抽样调查法

抽样调查法是指按照一定方式，从调查总体中抽取部分样本进行调查，并用所得结果说明总体情况。它最大的优点是节约人力、物力和财力，能在较短的时间内取得相对准确的调查结果，具有较强的时效性。组织全面调查范围广、耗时长、难度大，常采用抽样调查的方法进行检查和验证。局限性在于抽样数目不足时会影响调查结果的准确性。

6. 典型调查法

典型调查法是指在特定范围内选出具有代表性的特定对象进行调查研究，借以认识同类事物的发展变化规律及本质的一种方法。在调查样本太大时，可以采用此种方法。但必须注意对象的选择，要准确地选择对总体情况比较了解、有代表性的对象。

7. 统计调查法

统计调查法是指通过分析固定统计报表的形式，把相关的情况反映出来的一种调查方法。由于统计报表的内容是比较固定的，因此适用于分析某项事物的发展轨迹和未来走势。运用统计调查法，特别应注意统计口径要统一，以统计部门的数字为准，报表分析和实际调查相结合，不能就报表进行单纯分析。

8. 文献调查法

通过对文献的收集和整理，以获得关于调查对象信息的方法。适用于研究调查对象在一段时期内的发展变化，研究角度往往是探寻一种趋势，或弄清一个演变过程。这种方法能突破时空的限制，进行大范围的调查，调查资料便于汇总整理和分析。同时，还具有资料可靠，用较少的人力、物力收到较大效果等优点。但它往往是一种先行的调查方法，一般只能作为调查的先导，而不能作为调查结论的现实依据。

9. 网上调查法

随着电子政务和办公自动化的日益普及，国际互联网（Internet）缩短了时间和空间的距离，使远程通信和远程交流变得异常简便。中学生可以通过互联网查阅有关信息，也可以使用电子邮件访问调查对象，进行网上调查。这样可以大大缩短调查时间，节约调查费用，提高调查效率。

以上各种调查方式在实际调查过程中的侧重点不一样，最后调查结果表述的形式也会不一样，因此应根据研究的需要选择具体的调查方式。事实上，在调查研究工作中，调查者经常不拘泥于某种特定方法，而是相互交错、灵活运用这些方法。

（三）调查研究的一般步骤

依据调查过程的顺序，调查研究一般有以下几个步骤：制订调查计划、选择调查对象、确定调查内容和调查工具、实施调查和调查结果分析。在这个过程中，每个步骤都有各自特定的具体活动和要求，研究者应根据实际情况进行适当的调整，以保证研究的顺利进行。

1. 制订调查计划

制订调查计划的目的是事先对如何实施调查进行全面的考虑，明确调查的目的、对象、方法和操作程序。调查计划的作用主要在于确保研究过程的科学性和合理性，使调查能顺利进行。一个合理的调查计划能最大限度地降低误差，以较少的人力、物力获得满意的效果；而一个不合理的计划不仅浪费人力和物力，也会影响到研究的进度和效果。调查计划的内容一般包括课题名称、调查对象及其范围、调查途径和方式、调查时间和地点、调查步骤及日程安排、调查人员分工和资料处理的方法等。

2. 选择调查对象

选择调查对象是调查研究一个非常重要的环节。小课题研究所进行的调查一般都是抽样调查，是在全体研究对象中抽取部分具有代表性的对象组成研究样本，然后对样本进行调查，再根据调查结果推断整体的情况，如果抽取的样本不具有代表性，就不能从样本获得的结果对整体进行推断。要保证样本具有代表性就必须保证样本的数量和抽样的科学性。

3. 确定调查内容和调查工具

确定调查内容是调查研究的核心环节。所谓调查内容是指调查目标具体化后，可以实施调查的具体项目，一般包括选择项目、明确指标、确定分类标准。调查内容只有全面、科学、具体才能获得研究所需要的信息。

调查工具是调查所采用的方式和手段。通常来说，中学生的小课题调查研究主要采用问卷和访谈两种方式，用什么方式要根据调查的范围内容及其指标体系来定。

4. 实施调查

根据调查计划所确定的调查对象、类型、内容和工具开展调查。在调查中要注意：严格根据调查计划选定被调查对象，统一调查指导语，认真做好调查记录，不浮于表面，不流于形式；为所有的被调查对象提供相同的信息，包括态度、调查内容和方式等，从而尽可能减小调查操作产生的误差；调查中不可使用暗示性和引导性的语言文字。

5. 调查结果分析

（1）资料的整理。对资料的真实性、准确性和完整性等进行审查，并通过分类、分组，将原始资料简化、系统化、条理化，以便进一步分析。

（2）统计分析。把初步分类的调查结果编制成分类统计表，完整地登记被调查对象的各种资料，然后再统计出样本的群体资料，如平均数、人数百分比、绝对数和相对数等。为进一步分析研究对象的现状、特点以及相互间的关系提供准确、系统的数据。

（3）思维加工。对整理后的文字资料和统计分析后的数据进行分析研究。分析研究资料一定要紧扣研究问题和研究假设，概括研究的发现，说明现象的因果关系和规律，检验原有的研究假设，得出结论。

（4）撰写调查报告。调查报告是调查研究的主要成果形式。调查报告的内容包括研究问题、研究方法、研究结果、讨论与分析、结论与建议等部分。调查报告的主体要阐述研究的结论，对研究过程、研究方法以及研究中的一些重要问题或下一步研究的设想等也要进行简要的叙述和说明。调查报告的写作要求简洁明了，客观可靠，通俗易懂。

中学生做小课题的常规方法除了上面介绍的几种外，还有很多，比如：

观察法——平中见奇。观察法是研究者凭借自己的感觉和辅助工具，在实践活动的自然状态下，对研究对象进行有目的、有计划的观察与研究的一种方法。

文献法——总结规律。文献法是通过学生的作品，如日记、作业、作文、书信、自传、绘画、工艺作品等了解学生的能力、倾向、技能、熟练程度、情感状态和知识范围。运用这种方法时，不仅要研究学生的作品，还应研究作品的产生过程及学生当时的各种心理活动状况。

个案法——描述规律。所谓个案法，是对单一的研究对象进行深入而具体研究的一种方法。是研究者如实地记叙某一事件（而不是众多事件）的发生、发展、变化过程，以此作为资料进行研究的一种方法，它既可以是对单一事件的记载，也可以是对这一事件及其一系列相关事件进行的连续性、追踪式的记载，并以此为依据进行分析，寻找解决措施。

结题：
小课题的研究成果的表达形式

研究论文是按照一定的规范格式，对研究性学习、发明创造等科技创新成果进行的书面表述。研究论文是将科技创新成果呈现给评委的最基本的，也是最主要的形式，是青少年研究性学习的总结和科技创新成果的说明，也是参加创新大赛的一个重要材料。即使是以发明创造为主的工程类项目或以软件设计为主的计算机类项目，除了用实物和程序来展示科技创新成果之外，也需要用图文来表述其研究过程和研究成果。

本章的内容包括：

（1）研究成果的表达形式；

（2）研究论文的撰写；

（3）研究报告的撰写；

（4）研究日志；

（5）教育案例；

（6）小课题结题材料的呈现要求。

第一节　研究成果的表达形式

　　小课题之所以也能称作课题，就是因为必须要出课题研究成果，否则申报课题立项了也不算取得了"成绩"，小课题的研究成果都应该以适当形式表达出来，有利于我们把成果转化成教育教学的实用工具。小课题研究成果是有很多表现形式的，不仅要在课题申报书中填写，还要在课题结题时体现。那么，小课题研究成果表现形式究竟有哪些呢？

　　小课题研究成果的表现形式有很多种，主要分为报告类和行动实践类。其中报告类包括研究论文、实验报告、经验总结、调查报告、教育评论等。行动实践类包括研究日志、教育叙事、教育案例、教学反思。

　　小课题研究成果形式，比较常见的是论文，就拿哲理型论文来说，是指用深刻的哲理和严密的逻辑论证来说明问题，一般应用于理论性研究成果：要求论点明确，论据确凿，论证严密，清楚展示理论观点和体系的形成过程，也称学术论文。

　　另外，如今常见的小课题研究成果表现形式，包括教育案例，大多数学生与教师已经认可了它们的重要性，但关于教育反思方面有所轻视。教育案例、教学反思，都属于行动实践类。所谓的教育案例是指教师将发生的事例经过一定的思维加工，以案例的形式表现出来，是重新认识、整理自己思维的过程。而教学反思，是对教学过程中一段教学经历的批判性思考，肯定其中可取的做法并分析原因，找出其中存在的问题并对其成因加以分析。

第二节　研究论文的撰写

一、什么是研究论文

首先我们要搞清楚的是教育研究者（包括教师与学生）针对某一教育现象或与教育有关的问题，采用观测、调查、实验、推理、思辨等方式，进行缜密的科学研究之后撰写的具有创新见解的论述性文章，是展示教育科研成果的主要形式之一。研究论文总的要求是：主题鲜明，重点突出，着重阐述科技创新成果中有意义的、有创造性的见解或发明。行文要思路清晰，论证严密，前后贯通。语言表达要准确、简明。

二、研究论文的基本撰写格式

研究论文一般包括六部分。文章标题、作者基本信息（单位、姓名）、摘要、关键词、正文、参考文献。

（1）文章标题：准确得体，简短精练，外延和内涵恰如其分、醒目，要能鲜明、具体、准确地反映出论文所论述的科技创新成果的内容、范围和目标。

（2）作者基本信息（作者的工作单位全称及姓名）。

（3）摘要的要求：

① 精练，用高度概括的语言说明研究本课题的目的、实验方法、实验结果和最终结论；

② 完整，它应该是一篇结构严谨、内容实在、逻辑性强、独立成篇的短文；

③ 简短，行文简明扼要，一般不超过300字；

④ 摘要不加评论，只对论文的内容作客观介绍。

（4）关键词：一般选3～5个，按其重要性依次排列。关键词是一种表达论文要素特征并具有实质意义的检索语言。它能够反映论文的中心内容或主题，显示论文的特征。

（5）正文：正文前有引言。引言，即论文的切入点。

（6）参考文献：引用公开出版的书、刊及学位论文。每一条参考文献条目的最后均以"."结束。

小课题的研究论文要写得短而精（一般为1500～2000字），可以不用摘要和关键词，但是其他的必要格式还是不能少。

例1 《关于深圳市中学生社团活动与创新型人才素质培养的调查研究》

摘要：本研究主要采用问卷调查、访谈、比较分析和文献研究等方法，对深圳市中学生参加社团与创新型人才素质培养之间的内在关系进行了实证研究。通过分析研究，了解了目前深圳市中学生社团发展的现状，发现了不同层次的中学在开展社团活动中存在差异，分析了社团活动在中学生素质教育中所发挥的作用，研究了社团活动与培养学生兴趣、拓宽学生视野、提高学生能力之间的内在联系，得出了中学生社团活动与创新型人才素质培养之间存在正相关关系的结论，并针对存在的问题和不足，提出了对策和建议。

关键词：中学生社团　创新素质　实证研究

例2 《环形电磁推进——无轴转动》

摘要：本课题是对电磁推进技术实用化的一个探究，以线圈炮技术为技术蓝本，使直线上的推进过程环形化，将其推进过程循环，以无轴轮的形式输出动力。在此过程中，用静磁屏蔽技术控制线圈产生的磁场大小，用高磁导率的硅钢引导磁感线，控制引力最大输出点，用弱电控制强电电路解决转动控制，多级车轮的滚动使无轴轮动力输出，用微型漫反射式光电门和电磁继电器控制线圈的放电，并采用各种技术提高电磁推进的效率。由此制造了一个无轴转动车轮模型，作为直线电磁推进技术环形化的基础模型，为以后更多直线电磁推进技术环形化提供实践依据。本课题还研究了磁导体对磁感线的影响，无轴转动中的差动法，铁磁物的形状对引力平衡后的影响，以及如何提高线圈的效率等问题，并对电磁轨道炮技术进行了实用化可行性实验。

关键词：电磁学　环形电磁推进　无轴转动

三、研究论文与总结、研究报告的区别

许多学生容易把研究论文和总结、研究报告混为一谈。其实它们在内容、结构等多方面都有区别。有的学者把实验报告、阶段报告、工作总结和学术论文统称为论文，有的把研究报告归于科技应用等。从广义的角度来说，实际上论文的范畴包括了在学术期刊上发表的论文和发表的研究报告，最主要的原因便是二者均为创造性研究成果的科学记录，有一定的学术价值。作为学生来讲，首先要搞清楚的便是研究论文、总结、研究报告的概念，下面从几个方面来说明。

1. 三者的基本概念

研究报告是反映一项研究结果并将其公之于世的书面形式。撰写研究报告通常是该项研究的"收官"工作。研究报告不但是研究者对整个研究的全面总结，更主要的是为了让更多的人能够比较全面、系统地了解研究成果，并由他们来评判、接受或应用这一研究成果。

总结就是把某一时期已经做过的工作，进行一次全面细致的总检查、总评价，看看缺了哪些成绩和经验，存在哪些缺点和不足。总结是研究面上的东西，比较宽泛、浅显，属于经验型的，没有过多的理论支撑。

研究论文要针对一点来谈，提出论点（或者反驳什么论点），然后写出具体事例和相关理论证明你提出的论点成立，并要规范地列出所研究过、参考过

的文献资料。论文不要求面面俱到，通过论文，别人主要是考查你对该问题的研究深度，知道你的专业能力达到什么水平。

2. 三者的区别

通过对比，不难看出，第一，从写作目的上来看，研究论文是以阐述作者的科学见解为目的，是探求新理论、新论点、新解释、新规律的，而研究报告则是以报道研究结果和进展为目的。第二，从内容要求上来看，研究论文是记录研究小课题中最富有创造性的部分，从而决定了说服力应该是最强、最精彩的，一般都有一整套的理论体系，收集数据、整理数据、分析、推理、判断，最终才能形成论点；另外，研究报告可以理解为是科学研究结果的真实记录，包括整个工作的重要过程、方法、观察结果以及对结果的一些讨论，诸如此类的所有细节。因此严格意义来说，所有的研究工作都可以写出研究报告，可根据自身实力以及课题的需要，决定研究报告写的篇幅。第三，在相关资料的引用上，研究论文在书写的时候，有时为了建立新论点和新见解，需要利用的不仅是本课题的研究成果，而且还可以引用不同学科的研究成果、数据。第四，在撰写格式上，研究论文的格式前文已经写了，而研究报告的写法大体相似，通常包括题目、作者、作者单位（目前就读的学校）、摘要、前言、方法、结果、参考文献等；但是可以说研究论文的表述方式更为规范，研究报告则随意一些，研究论文是研究报告的高级形式；而总结就比前二者更加随意一些，格式上也没有那么多具体的要求，只要没有明显的不合规范就行。第五，在保密性上，研究论文的重点是解释事实和进行学术上的探讨，一般不涉及保密性的问题，研究报告更加侧重具体内容，保密性强，总结更多的是对已经发生或者快要完成的成果进行反思、小结，也不需要注重很多的保密性。

综上所述，总结跟研究论文和研究报告二者的区别是很明显的，但是研究论文与研究报告有着很多的相似之处，因此我们可以通过一个表格（表5-2-1）来更深刻地理解二者之间的区别。

表5-2-1 研究论文与研究报告的区别

项目	研究论文	研究报告
写作目的	阐述学术见解	报告研究结果
内容	形成论点、选取与论证相关的数据	（略）
资料引用	可在正文中引用他人数据	在结果中如实叙述本课题的真实情况
格式	无固定格式	有固定格式
保密性	相对较低	相对较高

第三节　研究报告的撰写

课题研究报告的主要结构包括以下几部分：标题及署名、摘要与关键词、问题的提出、研究方法和过程、结果与分析、结论与讨论、参考文献。

一、标题及署名

1. 标题

课题研究报告的标题就是"课题名称"与后缀"研究报告（或阶段性研究报告）"的组合。最好点明研究内容、研究对象和研究方法等。标题是研究主题的思想，必须能准确、简洁、清晰地呈现出研究的主要问题，指明研究的主要变量，使研究问题一目了然。一般不超过20个字。

具体要做到：主题确切，切口适宜，言之有物，特色鲜明。例如：《水培黄瓜在不同时期对大量元素的动态研究及其品质对比》《盐田区深外盐高路段交通拥堵研究》《小学11～13岁学习不良儿童自我控制能力的研究》。

2. 署名

×××学校课题组×××执笔。

二、摘要与关键词

1. 摘要

对研究报告的内容所作的简明扼要的介绍，通常作为一个独立的部分放在研究报告的开头，一般不超过300字，要反映研究的主要内容、方法、结果和结论等，要求高度概括，简洁明了。如《深圳市中学生社团活动与创新型人才素质培养的相关研究》一文的摘要：本研究主要采用问卷调查、访谈、比较分析和文献研究等方法，对深圳市中学生参加社团与创新型人才素质培养之间的内在关系进行了实证研究。通过分析研究，了解了目前深圳市中学生社团发展的现状，发现了不同层次的中学在开展社团活动中存在差异，分析了社团活动在中学生素质教育中所发挥的作用，研究了社团活动与培养学生兴趣、拓展学生视野、提高学生能力之间的内在联系，得出了中学生社团活动与创新型人才素质培养之间存在正相关关系的结论，并针对存在的问题和不足，提出了对策和建议。

2. 关键词

一定是实词，一般是用来概括你的论文所涉及的一至多个领域，以及你认为重要的研究方法。比如，《深圳市中学生社团活动与创新型人才素质培养的相关研究》关键词可以是：中学生社团；创新素质；实证研究。

三、问题的提出

（1）回答研究什么和为什么研究。

（2）交代研究背景、研究目的和意义。

要将自己的研究放置在一个比较大的背景中，以便让他人了解你所研究的问题的重要性；尽可能用常用语言写作，少用专业术语；不要把毫无思想准备的读者拉进你的问题或理论之中，要一步一步地把一般性的读者引入对特定问题的理论陈述中；尽可能用例子说明理论观点。

对相关文献进行述评，介绍目前国内外相关研究的主要成果、现状以及本研究所要解决的问题和理论框架。

要根据自己所研究的变量及理论框架寻找相关文献，要寻找近期有影响的文献；在阅读文献的同时，要找到那些与你的研究密切相关的关键点，然后作出恰当的评价，从而为自己的研究找到切入点和突破口，让你的研究和已有的理论成果建立有机的联系。

介绍研究的基本框架、研究的内容和目标有哪些，明确研究假设是什么、主要的自变量和因变量是什么，描述研究模型，定义主要概念，为转入研究方法和过程的写作提供自然而平滑的过渡。

具体来说要给出以下四方面的内容：

（1）问题的由来或背景，从理论方面（政策、学说、教育理论、其他研究成果）与实践方面提出研究本课题的必要性（可行性）与紧迫性。

（2）要对课题名称中所涉及的新概念及其特定的内涵作出界定和说明。

（3）简要分析该课题目前国内外研究的状况，并说明本课题研究需要解决的问题。

（4）说明本课题研究的理论意义和实践意义。理论意义就是通过该课题的研究在理论上可以揭示什么。实践意义就是在实践上可供他人借鉴什么。

四、研究方法和过程

回答怎样做的研究；研究方法的描述。

任何科学研究除了要应用哲学方法和一般科学方法之外，都还要有具体的研究方法、技术手段。教育科研的每一项题目一定要有相对应的教育科研方法。例如，《深圳市中学生社团活动与创新型人才素质培养的相关研究》，必然离不开调查法；研究参加社团活动的学生的文化成绩，以及对学生会、社团的积极性的研究，一般总要用到经验总结法；探讨一种新的方法是否优于原有的方法，则宜采用实验法。

在教育科研中，仅用单一的方法进行研究不大容易得出科学研究结果。每一种方法都有其优点与局限性，采用单一的方法，往往只能获取部分信息，而遗漏许多其他有用信息，难以得到全面、准确的结论。因此提倡使用综合的方法，或几种方法并用，或以一种方法为主，其他方法为辅。例如，我们进行教学实验研究时，当然主要采用实验法，但也要使用测量法对实验效果进行比较（如进行测验），也可以用调查法对实验效果进行比较（如了解学生的反应）。再如进行某项调查研究，主要采用问卷调查以得到大量数据，但也要辅之以访谈调查，以使结论更加可靠，材料更加丰富。

在一个比较正式的课题研究过程中，根据不同的研究目的和要求，往往会用到两种以上方法。

教育课题研究的基本方法主要有：①观察法；②调查法；③测验法；④行动研究法；⑤文献法；⑥经验总结法；⑦个案研究法；⑧案例研究法；⑨实验

法；等等。

（1）介绍研究设计和研究思路：本研究选用了哪种研究方法，如实验研究，调查研究，文献研究，个案研究及行动研究等。如果是实验研究，采用的是单组实验、等组实验，还是轮组实验。

"研究方法"这部分，主要反映一项课题的研究要"做些什么"和"怎样做"。除了要叙述清楚使用什么方法进行研究之外，还要尽可能写得细致一些。如用调查法，可写明调查方式是问卷还是访谈。如果用问卷调查，最好能将设计好的问卷附上。如果是访谈调查，尽可能附上访谈提纲。若采用实验法，最好将实验方案附上。若采用经验总结法，可以把预计总结经验的内容项目、实践方案及用何方式积累材料、预计积累哪些资料写出。

当前在教育科研方法中，存在着几个问题：第一，大多数使用的仅仅是工作经验总结；第二，对调查法的重视很不够；第三，在实验法的使用上有滥用的情况，不了解实验法的科学含义和特殊要求，随便在研究中冠以"实验"二字；第四，定性分析多，定量分析少。有的虽然用了定量分析，但由于对统计方法不熟悉、不了解，因此分析方法不当，所得结论不科学。这些问题在今后的科研工作中是必须解决的。

（2）介绍研究对象：样本是如何确定的，对样本的取样方法、数量（即容量）、条件（即研究前所具备的水平）作必要说明，以体现取样方法的科学性、样本容量的合适度和代表性。

在研究计划中，还需要充分考虑课题对被试代表性和典型性提出的要求，选定具体研究的被试，以保证研究结果可以说明一个地区、某一类情境或某一类对象的一般规律性，以使研究的结果具有普遍的指导意义。确定研究对象的方式方法有总体研究和抽样研究。如果是总体研究，对总体范围要有具体说明；如果是抽样研究，则要说明抽样方法和样本容量。这部分内容可写在研究计划中，也可以根据实际情况写在研究方案中。

（3）介绍资料收集的方法：研究资料是研究结论产生所依赖的基础，研究报告要详细说明资料的收集方法、过程和工具。

——要说明主要研究变量有哪些，变量的操作性定义是什么，这些变量是使用哪些指标来进行测量的。

——要说明资料的收集过程，如我们先用一组有30个同学的问卷调查进行数据分析，考虑被调查的30名学生参加社团活动的情况，在学校担任班干部、学习成绩等情况。半个月后，再对不同学校的部分学生，采用简单随机抽样的方法，如果两次均显示学生参加社团活动与综合素质的高低有着直接的关系，那就说明有很大可能能够得到我们的结论。

——要说明所用的研究工具，包括实验用的仪器、材料，测验的量表，调查的问卷等，都要进行必要的描述。

设计研究程序，就是设计研究实施步骤、时间规划。研究的每一步骤，每一阶段的工作任务和要求，每个阶段需要的工作时间，不仅要胸中有数，还要落实到书面计划中。这样，研究者可以严格按步骤和时间要求进行研究，自己督促自己，自我检查计划的完成情况，从而保证课题研究按时、保质完成。课题研究的管理者也可依据此研究程序对课题研究进行检查、督促与管理。

（4）介绍资料分析的方法：对研究变量的测量方法和统计检验方法作明确具体的说明。

五、结果与分析

回答得到什么样的研究结果。

在研究计划中，还要设计好研究成果的形式，即最后的研究结论、研究成果用什么形式来表现。研究报告和论文是教育科研成果最主要的两种表现形式，还可以将研究成果写成专著、教材、手册等。比较小的课题写成最终成果形式即可；比较大的课题，除了要有最终成果形式，还应该有阶段成果形式。最后将阶段成果综合并发展成最终成果，或者将比较大的课题分解为若干子课题，分别有各子课题的成果形式和总课题的成果形式。

在研究计划中设计出成果形式，从研究者角度来说，可以明确将来用什么表现研究成果，从开始就可以着手向这方面努力，积累材料，构思框架，进行分工，以利于研究成果的顺利问世。从课题研究的管理者角度来说，可以据此进行检查验收。

这部分是研究报告的关键，要注意文字、数字、图表三结合。对定性资料可以用文字直接表达，可以选用典型事例和一些理论观点。注意积累文字资料、会议记录、各种案例，包括教学设计、教学计划、教案、收集的补充材料、平时的一些体会、论文、学生的认识体会、学生的作业，对定量资料尽量选用数据和表格，用图表的形式把得到的数据表示出来，并且采用一些统计方法进行分析。数据必须是原始的、科学的，做到实事求是。

原则：先森林后树木，先总体后个别；先中心后外围，先一般后具体。

要求：

（1）结果应是研究数据资料分析的产物；

（2）结果要以事实、数字、图表为主要呈现形式；

（3）形成结果的数据资料必须是从研究中获得的；

（4）结果要经得起验证；

（5）要把定量分析与定性分析结合起来。

写法：

（1）再次提出概念性问题；

（2）说明在研究中实际完成的操作与测量行为；

（3）客观地表述研究中得到的结果；

（4）用数字、图形、表格、材料说话；

（5）在每一个分支结果的末尾部分对该结果作简要小结。

六、结论与讨论

回答研究能否支持假设。

结论与结果的区别：

（1）结论是研究者根据结果作出的推论，是结果的理论形式；

（2）结果是在对研究资料数据进行分析的过程中形成的，是感性认识的范畴，结论是在结果的基础上通过逻辑推导、理性思辨形成的，是理性认识的范畴。

写作要求：

（1）要明确回答研究假设是否得到验证；

（2）要运用逻辑思维方法推导结论；

（3）结论要建立在先进的理论基础之上；

（4）讨论结论的其他可能的解释，以及与他人研究的异同；

（5）讨论研究的局限性及值得进一步研究的方向；

（6）讨论研究的有效性和可信度。

 例3　《关于深圳市中学生社团活动与创新型人才素质培养的调查研究》中结论部分的表述

（一）深圳市中学生参加社团的比率受经济状况和办学条件的影响

总体来看，目前中学生参加社团的比率偏低，且从调查的中学人群可以看出：参与人数按照从多到少的顺序依次是城镇重点中学、城镇普通中学、农村重点中学、农村普通中学，体现出城市与农村、重点中学与普通中学之间的差异。

分析原因认为，城市中学的经济状况和办学条件总体上要比农村中学好，而重点中学获得的经济及政策倾斜要多于普通中学，因此可以从中推断，中学生参加社团的比率受经济状况和办学条件的影响。换句话说，中学生参加社团活动的积极性与该校能否提供合适的活动空间和具备活动的经济条件都有直接关系。

（二）自身兴趣的驱动是学生主动参加社团的主要原因

从加入社团组织的原因来看，绝大多数学生的态度是积极主动的，他们加入社团的动机更多是自身兴趣、提高能力及结交新的朋友，只有极少数是在学校提倡或随大流下的被动选择，这从另一个角度佐证学生参加社团活动基本上是自愿的，说明发展中学生社团在学生中具有良好的基础。

（三）学生对社团活动的积极评价占主流

在开展社团活动的成效上，参加社团的80%以上的学生认为，参与社团活动不但不会影响学习，反而能够增长知识、提升自身素质和能力。但是由于目前中学生社团参与率过低，70%以上的学生认为中学社团在学校中所发挥的作用比较小或很小。

七、参考文献

1. 中文著作格式以及范例

著作者：《书名》，出版社，年份。

吴康宁：《教育社会学》，人民教育出版社，1998年版。

2. 中文文章格式以及范例

作者名：《文章名》，《杂志名》，年份，期号，页码。

陈黎黎、薛林峰：《高校学生社团参与对大学生社会化的影响研究》，《河北广播电视大学学报》，2008年，第5期，95—98。

第四节 研究日志

一、什么是研究日志

研究日志是学生在做小课题的过程当中的定期记录，是用符号和文字梳理自身的行为，记载真实的生活场景，有意识地表达自己。通过撰写研究日志，学生可以定期回顾和反思日常做课题的过程及情境，更多地了解自己的思想和行为。在不断的回顾和反思的过程中，学生在如何做小课题和如何做好小课题方面的能力也会不断提高。

一般来说，日志不是仅仅罗列生活事件的清单，而是通过聚集这些事件，让学生更多地了解自己的思想和相关行为。日志通常需要每天或几天记录一次，至少是每周记录一次。在日志中，记录的是学生在实践活动过程中，所观察到的、所感受到的、所解释的和所反思的内容，是学生所见、所闻、所感、所思的自由写作。日志的主体部分是学生对观察的记录和白描。每一次撰写的日志都包含一些基本的信息，如事件的日期（若书写日期与发生事件日期不同，需标明）；脉络性资料，如时间、地点、参与者以及其他看起来可能对研究重要的事。如果是以这样的方式来记录日志，日后要重读日志的内容，会得心应手得多。

二、日志撰写注意事项

与其他形式的研究方法或成果相比较，日志的撰写最为简单和熟悉，只要有纸、笔，有时间，就可以写，当然，也可以直接在电脑上撰写。在撰写过程中我们需要注意以下几点：

1. 重视日常观察

日志的写作始于观察，并把观察到的事实记录和表达出来，也就大致形成了教育日志。对于需要记录的一些重要细节，最好在口袋里准备一个小本子及时记录。即使当时的情境不允许即时记录，也要尽可能在事后的第一时间把记忆中尚比较鲜明的细节、研究对象的话语记录下来。即使是只记只言片语，对于日志的撰写来说也是很有帮助的。在日志文字表达的过程中，要尽力把看似零碎的片段和事件整合在一起。

2. 坚持书写教育日志

不能"三天打鱼，两天晒网"，最好每天或隔几天安排一个特定的时间来专门写教育日志。在一段时间内，教育日志的撰写可以紧紧围绕某个主题，也就是说，可以结合某个研究的重点来写作。举例来说，你可能正在探究某种教学方式对调动学生积极性的影响，在每一节课之内，可以就这种教学方式引起的学生变化、你自己的感受、课堂气氛等方面，来撰写教育日志；你也可以定期记下你与班上某位特殊学生的接触；你还可以每天或隔几天记载你新接手的一个班级学生的情况；等等。

3. 事件记录与事件分析相结合

如果是用笔记本来记载日志的，那么笔记本的每一页右边最好留下一些空白的地方。在日后整理日志时，这些留白之处可用于记录一些新增的变化、附录或相关的信息，而且，在对日志记下的资料进行分析时，它也会派上特别的用场。在这些留白之处，一些简单的分析可以随意出现（不管是句子或一些简单的字），这部分内容可以作为这一段记录的解释。如果是直接用电脑来记载研究日志，日后在整理日志时新增加的内容可以用不同的字体来标出。需要强调的是，对日志记录作一些暂时性的分析是非常有必要的。对于研究成果的表述来说，这样做可以降低在研究的最后被资料淹没的危险。而教师在对资料进行分析时，有时需要发挥直觉的作用，而不仅仅依靠理性。因为仅仅依靠理性来分析，很有可能会被烦琐的细节所累，而丧失了偶尔闪现的灵感。

第五节　教育案例

一、什么是教育案例

教育案例是教育教学过程中含有问题和疑难情境在内的真实发生的典型性事件。是为突出一个主题而截取的教学行为片段，这些片段蕴含了一定的教育理论。

案例性事件在我们的教学生涯中是层出不穷的，从你清晨跨进校门起到傍晚离开学校，都会有一些值得你回味的事例。这些事件或事例，就完全可以以案例的形式表现出来，这也是教师重新认识这个事例、整理自己思维的过程。作为学生，要从某一个认为值得研究的角度去考虑，找到一个切入点，把老师这个角色的教育案例转化为自己研究的某个问题，从而形成一个小课题，在研究的过程当中，需要更多地与老师交流，同时站在学生自己的立场，能够切身体会问题所在，也能够找到解决方案！

二、教育案例的结构

一个相对完整的案例大致都会涉及以下几个方面：

1. 标题

一般来说，案例有两种确定标题的方式：一是用事件定标题，即用案例中的突出事件作为标题，如反映课堂教学事件的"哄堂大笑以后"，反映与学生交往行为的"闷葫芦会讲话了"等；二是用主题定标题，把事件中包含的主题析离出来，作为案例的标题，如反映课堂教学过程中教师受学生启发的"学生给了我启示"，反映教师引导学生行为转变的"化解学生对学校生活的恐惧"等。

2. 引言

引言也可以说是开场白，一般有一两段话也就可以了。主要描述一下事件的大致场景，隐晦地反映事件可能涉及的主题。

3. 背景

完整地把握事件的原委离不开背景。读者在分析案例时，也需要参照背景对解决问题的方法作出评论。所以要重点说明故事发生是否有特别的原因或条件。

4. 问题及解决

案例区别于一般事例的最大特点就在于有明确的问题意识，是围绕问题来展开的。在论述中，需要讲明问题是如何发生的，问题是什么，问题产生的原因有哪些。随着案例撰写的深入，需要将问题与其他事实材料交织在一起，通过读者的分析再确定问题的所在。问题的解决需要详尽的描述，要展现问题解决的过程、步骤，以及问题解决中遇到的挫折，也会涉及问题解决初步成效的描述。这部分内容在一定程度上，是整个案例的主体，切忌把问题解决简单化、表面化。如果遇到一些尚未解决的问题，可以把解决问题的种种设想和打算罗列出来，以供读者参考、评论。

5. 反思

系统地反思自身的教育教学行为，对于提升教育智慧、形成自己解决教育教学问题的独特艺术等都至关重要。不要面面俱到，选择重要的方面或印象深刻的方面加以思考也就可以了。

第六节　小课题结题材料的呈现要求

一、课题结题材料

材料1：课题研究方案（开题报告）。

材料2：课题结题报告（研究报告）。

材料3：课题研究理论成果（论文），课题组成员撰写的与课题关键词相关的论文，提供获奖证书及发表的文章的原稿或复印件。

材料4：课题研究实践成果（过程资料）。

围绕课题开展的有关研究实施过程的印证资料（围绕课题的研究课实录或教案、说课、评课、教者自我反思、课堂评价表、图片，课题组成员所写的课题小结或心得、随笔、案例评析，活动研讨记录、研究活动剪影等）。

二、结题报告的要求

结题报告是一种专门用于科研课题结题验收的实用性报告类文体。它是研究者在课题研究结束后对科研课题研究过程和研究成果进行客观、全面、实事求是的描述，是课题研究所有材料中最主要的材料，也是科研课题结题验收的主要依据。

一篇规范、合格的结题报告，需要回答好三个问题：一是"为什么要选择这项课题进行研究"，即这项课题是在怎样的背景下提出来的，研究这项课题有什么理论意义和实际意义。二是"这项课题是怎样进行研究的"，要着重讲清研究的理论依据、目标、内容、方法、步骤，讲清研究的主要过程。三是"课题研究取得哪些研究成果"。

结题报告须结合课题研究的实际工作，从科学性、创新性、规范性及实用性等方面加以说明，并注意研究报告的学术性。

科学性：研究的问题真实，研究方法恰当，论证严密充分，结论合理可信。

创新性：研究已取得的进展，成功运用新的研究方法或技术；获取了大量第一手资料，形成了新的教育成果。

规范性：研究体系完整；研究设计与实施规范、严格；论述全面，概念明确，逻辑严密；资料可靠，引证规范。

实用性：对解决教育实践问题有创新性的指导意义，有一定的应用与开发前景。

三、结题报告的具体内容

1. 研究报告标题

课题名称+结题报告。

2. 课题提出的背景

这个部分内容的陈述，要求用两三段简洁的文字，言简意赅地讲清选择这项课题进行研究的原因、理由，回答好"为什么要选择这项课题来研究"这个问题（一般400字以内即可）。

3. 课题研究的意义

课题研究的意义包括理论意义和现实意义。这个部分既可以单独作为一个部分来陈述，也可以归入"课题提出的背景"来陈述。这样处理的好处在于能更充分地回答"我们为什么要选择这项课题来研究"这个问题。

4. 课题的理论依据

课题研究的理论依据是进行课题研究的理论指导。课题研究需要在一定的理论指导下来进行。这部分的陈述要求理论依据要具体，要围绕课题研究的实际需要，有针对性地列出课题研究所依据的若干个具体的理论观点或若干项具体的政策，所依据的理论要具科学性和先进性，所选择的政策要具时代性。在陈述理论依据时，应切忌将某一专家、学者的整篇著作或某一个文件、某位国家领导人的讲话全文当作理论依据。

5. 课题研究的目标

概括地说明课题研究已达到的目标。课题研究的目标体现的是本课题研究的方向，是本课题研究所要最终达到的目的。这一部分的陈述只需用一二百字就能说明问题。这个部分的陈述，要注意以下两个问题。

一是课题研究目标的确定不要过于空泛，过于原则，或没有扣紧课题题目。例如，有的课题研究报告在"研究目标"中，提出要"促进学生的发展"，"培养社会所需要的人"，使学生成为"具有丰富的知识、健康的情感、健全的个性和良好的道德行为习惯的一代新人，在未来的社会生活中能自尊、自信，敢于迎接社会的挑战"，这样的研究目标显得过于空泛、原则。有的提出，要通过对课题的研究，"探索德育的性质，研究对培养人的素质和新型主体人格的普遍要求，探索培养目标，探索德育的基本任务，探索德育的主旋律"，确定这样的已经由国家确定了的研究目标，显然是不妥的。

二是要注意结题报告结构的内在联系。也就是说，本课题所确定的研究目标，最终必须落实到研究成果中去。看一个课题的研究合格不合格，能不能通过验收，就看所取得的研究成果是不是达到了预期的研究目标。在陈述所取得的研究成果时，一定不能忽略研究目标与研究成果之间这一内在的联系。否则，会令人感到这个课题研究并不成功。

6. 课题研究的主要内容

研究内容应当紧扣研究目标，表述具体准确。课题研究的主要内容陈述的是课题研究的范畴、课题研究的着力点。对研究主要内容的表述应当紧扣研究目标，简明扼要，准确中肯。在陈述课题研究的主要内容时，必须注意的是，课题研究的主要内容与课题研究成果同样有着密切的内在联系，课题研究的主要内容的研究结果必须在研究成果中予以体现。

7. 课题研究的步骤

"课题研究的步骤"这部分的陈述比较简单。一般将课题研究分成准备、实施研究、总结三个阶段，也有的分成四个、五个阶段。然后，在每个阶段中简要陈述做了几项工作，一做什么，二做什么，三做什么，简明扼要，不必详细陈述。

8. 课题研究的主要过程

"课题研究的主要过程"是研究的主体部分，表述要思路清晰、主线明确、重点突出，充分体现的是如何运用教育研究的方法来解决教育教学实际问题，遵循教育规律进行理性思考这一过程。可采用归纳、提炼等方法，陈述课题实际运行的情况，其中，除对研究的时间、进程等方面据实说明外，还需阐述在哪一阶段应用了哪一种研究方法，取得了什么阶段性研究成果，存在什么不足等。

"课题研究的主要过程"这部分，需要花费较多的笔墨来陈述。要通过回顾、归纳、提炼，具体陈述课题研究的主要过程，具体陈述采取哪些措施、策略，或基本的做法来开展研究。

"课题研究的主要过程"这部分也可以与"课题研究步骤"合在一起陈述，在每一个阶段中具体陈述所做的几项工作，所采取的研究策略或措施等。

撰写"课题研究的主要过程"这部分内容时，应注意不要用总结式的语调来撰写，不要将这部分写成经验总结或研究体会。

9. 课题研究成果

"课题研究成果"这个部分是整篇结题报告中最为重要的部分，这是结题报告的重点。一个结题报告写得好不好，是否能全面、准确地反映课题研究的基本情况，使课题研究成果具有推广价值和借鉴价值，就看这部分的具体内容写得如何。一般来说，这部分的文字内容所占的篇幅，要占整篇结题报告的一半左右。

研究成果可分为两部分：理论成果和实践成果。

理论成果：通过课题研究获得什么启发，得出什么规律性的东西。如新观点、新认识、新的策略、新的教学模式，或者在教学实践中取得了什么效果等。用数据说话，以事实证明。

实践成果：如开设了几节公开课、观摩课，何时在何种刊物发表了文章，论文参加了何种级别的评比、获得了什么奖，有多少学生参加什么竞赛，获得了哪些奖项等。

"课题研究成果"这个部分内容的表述，要注意三个问题：

（1）不要只讲实践成果，不讲理论成果。一个结题报告的研究成果，应当包括理论成果和实践成果两个部分。不少的结题报告，是这样陈述研究成果的：我们通过研究，开设了几节公开课、观摩课，发表了多少篇论文，获得哪一级奖，在哪些CN类刊物和汇编上发表了几篇文章，有多少学生参加什么竞赛获得了哪些奖项。或者是，通过研究，学生的学习成绩和学习能力得到了哪些提高，教师的科研水平得到了哪些提高等。这些是不是研究成果？是成果，但仅属于实践成果。一篇结题报告，单单这样陈述，是远远不够的。因为这样的陈述，别人无法从你们的研究成果中学习到什么，这样的研究成果没有什么借鉴、推广价值。具有借鉴价值和推广价值的，往往体现在理论成果部分。有人认为，我们的课题研究没有什么理论成果。其实不然。我们所说的理论成果，就是我们通过研究得到的新观点、新认识，或者新的策略、新的教学模式等。这些新观点、新认识、新策略、新模式，又往往与我们在"研究目标"或"研究内容"中所确定了的要达到的成果密切联系。例如，有项研究阅读教学的课题所确定的研究目标是：要通过研究，"建构具有主体性、开放性、实效性、体验性、创造性的自主探究，激励成功的阅读教学新模式，研究探讨该模式应遵循的基本原则、基本操作程序和常用操作程序以及操作该程序的有效展开和运作的基本教学策略"。那么，在"研究成果"中，具体陈述所建构的新模式是什么，以及基本原则、操作程序、基本教学策略是怎样的等。这些就是研究的理论成果，这样的研究成果才有借鉴和参考的价值。

（2）研究成果的陈述不能过于简略。有些课题的研究成果可以撰写出多篇学术论文。这些学术论文，就是课题研究的部分主要成果。在结题报告"研究成果"部分，要将这些论文的主要观点提炼、归纳进去。有的结题报告是这样陈述所取得的成果的：研究成果详见什么什么论文。只是这样的陈述是不行的。如果一个课题分为几个子课题来研究，在结题报告的成果表述中，也要将这几个子课题研究的成果进行提炼、归纳。在提炼、归纳时，应注意不要只是简单地罗列这个子课题的主要成果是什么，那个子课题的主要成果是什么，而应融合所有子课题的主要研究成果，归纳出几点。同时也应注意这些子课题的研究成果必须体现所确定的研究目标。

（3）有关课题的研究经验或研究体会不要在"研究成果"这个部分来陈述。一般来说，一个研究课题在通过结题验收以后，课题组还需要进行总结。这个总结，就要总结课题研究的经验，谈及研究的体会。而在结题报告中，没有必要陈述这两个方面的内容。

10. 课题研究存在的主要问题及今后的设想

要求所找出的问题客观真实，表述简洁明确。这个部分内容陈述的要求比较简单。但要求所找的主要问题要准确、中肯。今后的设想，主要陈述准备如何开展后续研究，或者如何开展推广性研究等。

 例4 《关于深圳市中学生社团活动与创新型人才素质培养的调查研究》的成果当中包含以下内容

完整论文《关于深圳市中学生社团活动与创新型人才素质培养的调查研究》，论文呈现的形式包含重要的观点、数据、表格、调查问卷等详细内容，是小课题的成果当中最重要也是最关键的一种表现形式。除此之外，该小课题还制作了一个展板，展示学生在做课题当中的进程以及收获，此外，还有一种辅助成果，就是一个视频，用来了解部分学生对于社团的了解情况，总之，结果的呈现形式可以多种多样。我们可以通过图表来加深对小课题的研究成果表达形式的理解。

总的来说，小课题研究成果表现形式，可以根据学生自己擅长的方面来选择，只要符合要求，能通过成果验收，让小课题结题即可。为了促进自身研究能力的成长，让我们珍惜机会，积极参与小课题研究，在研究中不断提高自己和发展自己。就让所有同学从现在开始，拿起笔，把收获成功的欢乐、百思不得其解的困惑、冥思苦想后的灵光一闪都记下来。只要坚持不懈，同学们也可以成为"大师"！

推广：
小课题研究成果交流推广的指导

中学生从"小问题"出发，获得的研究成果，仅仅完成结题报告就结束，既是对研究成果的浪费，更失去了学生再次交流、学习、反思、升华的机会。随着教育教学改革的不断深入，学校应加强对学生自主能力的培养，推广的范围以全校各年级、各班级及各个学科为主，充分提高学生的积极向上的态度和上进心。中学生小课题研究在很大程度上提高了学校的教育水平和学生的综合素质，让学生以问题解决、经验总结为目标，吸收和运用有利于问题解决的经验、模式和方法。

本章的内容包括：

（1）成果交流和发表论文。

（2）推广应用小课题研究成果。

第一节　成果交流和发表论文

一、成果交流

1. 参与成果报告会

对于中学生小课题的研究，作为学校方应给予充分的鼓励和支持，学校可在校内定期举办成果报告会，为学生搭建成果交流平台。学生可以通过参与成果报告会，就课题研究的过程、遇到的困难和问题、如何解决的历程和最终的研究成果，进行充分的展示。在成果报告会上，中学生小课题研究的作者需进行课题研究成果答辩，评审老师可由校内骨干教师或校外聘请的专家组成，在与老师的答辩交流中，学生实现了对课题研究成果的进一步探索。在与同学、老师间进行的交流沟通中，学生既展示了课题研究成果、锻炼了自己的表达能力，又可以在沟通交流中对研究课题进一步优化，使研究更加深入。可以说，只要学生参与到成果报告会中，无论是作为聆听者还是分享者，都能有所得、有所获。

2. 利用网络平台，开展课题交流

网络的普及不仅体现了资源利用的丰富性，也体现了信息传递和反馈的及时性。在课题研究过程中和结题报告完成后，学生可充分利用校内网络平台，把自己的中学生小课题研究架构在这一平台上，及时记录中学生小课题研究的阶段成果，与他人进行多维度的互动交流，得到同学和老师的及时指导和帮助，同时不断地补充完善，总结出具有研究价值的成果。学生还可以把个人研究过程中的故事、遇到的问题、学习体会、心路历程等过程性资料发布在学校网络平台资源库中，便于其他制作课题的同学学习借鉴，让这些源于学生实践的优质资源再回到学生中去，实现真正意义上的共享，通过共享和同伴的反

馈、评价促进自我的进一步成长。

3. 课题指导老师的全程辅导

课题的研究不仅需要同学间的相互学习、交流、沟通，更离不开老师的指导。中学生从思维上已接近成熟，但在课题研究方法、结题报告的撰写、课题研究的创新上依然需要老师经验的指导。学校在学生进行中学生小课题研究时，均会为每一位课题研究学生指派一名专职课题导师，从专业领域、课题研究方法、心理辅导等方面全方位地对学生进行指导，帮助学生进行自主学习、主动探索、主动创新的思维培养。学生应在中学生小课题研究过程中注重与导师的交流沟通，吸取老师的经验、建议，在思辨中不断成长。学校在中学生小课题完成上起着很大的作用，上级教研部门的有力指导和帮助，可以提高中学生小课题的完成度，提高参与同学的积极性和信心。并且学校在中学生小课题的进行中做好软硬件设施的保障也可提高学生的成功率。例如，学校图书馆及微机室电脑的查阅资料、各种相关科目的知识资料，能有效地帮助学生完成研究，在同学们研究遇到困难，或者产生放弃的念头时，学校和指导老师的鼓励和支持是十分重要的，此外，还可以创设更多的条件帮助研究小组，由此来鼓励更多的感兴趣的中学生参与到研究性中学生小课题中来。

4. 学校间的交流

课题的结果可以通过学校间相互邀请、相互学习，让双方学校的同学们共同探讨、交流，对结果产生新的思考与见解，同学之间相互学习，可能会激励学生自主提出下次研究的中学生小课题项目，或者是通过校外科研机构进行更进一步或者更深层次的研究，也可以组成班级或者团体的小范围研究小组，通过老师的指导和辅助，让学生对知识产生内在动力，从而促使学生学习。

5. 进行当地的教育类电视节目的新闻播报

研究的结果和过程可以整理成新闻稿，投稿到当地的教育类电视节目上，或是在开始做中学生小课题研究时，将当时的情况进行拍摄或录制，后期经过专业的加工和设计，做成视频呈现在大家面前，通过播报的形式，让广大学生、学生家长以及老师等相关人员，对这类知识进行探讨和交流，可以发表自己的见解和意见，对课题的研究进行完善，在当地的教育事业上形成正能量，激励学生和老师不断进步。

6. 网络传媒形式交流

这种中学生小课题研究的方式和方法，可以申请成为益智类的电视节目，将单纯的答辩方式改进成为类似于网络节目或者是电视节目的形式，如仿照《中国诗词大会》或者是新发明、新研究等电视栏目。其他学校或者是本校的学生在台下听，由台上的同学进行中学生小课题结果的答辩、讲解与分享，同时由家长陪同孩子一起学习，如果有不同的意见或者是疑问可以通过评论及留言的方式直接发送到相关的节目栏里，在结束后由相关的专业人士或者是专家进行整体的回答和解释。这也是一种对学习的探索，同时让父母参与进来，可以提高父母对孩子学习的关心程度，以老师、教授和家长辅助的方式，促进学生的成长和学习。

二、发表论文

1. 向校内报刊投稿

校刊和简报是推广学校研究成果的主阵地，学校在每季度出版的校刊中均有中学生小课题研究专栏，校刊会提供一定版块进行中学生小课题研究论文的刊印。针对现代学生兴趣方向设定一些固有的栏目版块，如学生科研活动信息报道；或是以一些更加新颖的标题引起学生关注，对学生的成长和发展起到积极的影响；或者直接选取一两期校刊来做专题期刊、专题校报，整期的内容围绕中学生小课题的开展作全面的讲解和分析，并且将参与同学写得比较好的感受刊登在校刊或者简报上，包括一些有趣的事情或者结果，进行分享，使同学们对中学生小课题产生兴趣，学生们也会更加积极地参加此类活动，从学校整体调动学生积极性，促使学生通过中学生小课题研究，提高对课内知识的学习兴趣。完成了中学生小课题研究结题报告的学生，可将结题报告整理成小论文形式，积极向校刊投稿，在校内分享研究成果，达到校内充分交流的目的。

2. 向专业期刊投稿

学校评审老师将对校刊中刊印的中学生小课题研究报告或课题论文进行评估，对确实具有学术、创新价值的中学生小课题研究成果进行市级、省级项目申报，由专业的资深老师进行结果整理、数据分析和指导写作，并有针对性地向专业核心期刊投稿，发表研究成果。可以对此出几个奖励项目，对积极上进的学生进行奖励，提高学生们的积极性和创新性。

3. 向当地市级报刊投稿

每个市区或者地方都有相关的报刊，可以将整理好的学生文章投稿到当地的市级报刊上，作为展示当地教育新动态、新面貌、新希望的新闻，为广大人民群众科普知识的同时，也可以提高当地的学习氛围，让家长们对学校的熏陶和老师的教育更加放心。

4. 向一些学习网站投稿

现在很多学习网站上经常会发布一些相关的小研究的文章，可以将中学生小课题的研究成果投稿到相关的学习网上，跟发表文章刊登在杂志上有着相同的效果。一些写作平台也会定期举办一些比赛，可以投稿。

第二节 推广应用小课题研究成果

一、开办专题讲座

　　总结和推介学生的优秀研究成果和研究经验，能够进一步增强学生的成就感，激发学生后续的研究和研讨热情。其中最直接有效的策略是举办课题专题讲座，专题讲座可以是面向社会公众性质的，让进行中学生小课题研究的学生集体公开展示自己的研究成果，讲述成长历程，推广优秀中学生小课题研究成果。学校可聘请专家或邀请本校骨干教师从理论与实践两个方面指导学生完善中学生小课题研究成果并加以推介。对已经成熟的中学生小课题研究，我们的重点是从课题成果的实践入手，继续打磨提升并进行推广。

二、参与区域间的课题创新比赛

　　中学生小课题研究不应仅局限于课题研究报告的撰写，更应该实现其实用价值。一方面，学生可在指导老师的帮助指导下，积极参加区域间的课题创新比赛、创新创业大赛，将自己的研究成果通过比赛的形式推介出去，让专家、社会公众，甚至是具有投资眼光的企业投资人更多、更详细地了解学生的个人课题研究作品，从而实现理论向实用价值的转化。另一方面，目前各院校招生中对学生综合能力的考量越来越多，尤其是世界著名高校均要求学生在创新、创造方面有所成绩，创新竞赛中的获奖能够为学生后续的求学之路添砖加瓦，为学生向更高学府冲刺提供助力。

三、通过新型网络自媒体对课题研究成果进行展示推介

　　推广中学生小课题研究成果的目的，是让更多的人了解到该研究成果的价

值。目前自媒体平台正处在时代的风口浪尖，用户人数众多，学生自己可通过自媒体平台，如抖音、头条、新浪微博等，制作短视频、发布短文等推介自己的课题研究成果，让更多的人了解自己的研究成果，实现研究成果向实用价值的转化。可以对每个学科或每个社会常识研究新型综合的整理，排成一个个小的研究结果，发布在相关的平台上，通过人们的浏览进行传播，让更多的人知道所研究的成果，将知识传播给更多的人。

四、借助学校推广小课题研究

中学生小课题研究可以提高学生的自主研究能力，并间接提升思考、撰写、讨论、讲解等能力，有利于学生的发展和自身学习能力的提升，同时，可以提高学生各方面水平。学校应尽可能多地提供一些类似的机会，组织一些小型的课题会，并且会后对此进行讲解、总结；在中学生小课题研究方面，班级老师可以多多推荐学生参加，对于学生是一种锻炼，也是一些学生的学习机会，可以通过研究成果进行排名甚至是奖励，激励学生和老师共同学习、共同进步，这种积极性对于学校来说是不可多得的，同时也可间接推广中学生小课题研究和提升其在学校中的认可度。

中学生小课题研究需要学生参与进来，不能仅凭一张嘴讲，也要注重实际，并且在此之前做好充分的准备，从学习生活中的小事情、小现象、小知识入手进行课题研究，以小见大。选择的研究课题也要吸引学生的兴趣，并可以引发学生进行深度的思考，培养学生对研究的设计能力，比如：相关资料的整理，讨论的顺序及详细流程等；讨论中，培养学生独立思考、安排等，指导教师从旁指导、讲解以及提示等，并督促学生对研究中的每一个步骤进行充分完整的记录，有利于后期的总结。重视研究过程中搜索和处理资料信息的指导和帮助。中学生生活经验有限，个性发展不稳定，即使有满腔的热情和爱好，一旦遇到技术性的问题，他们很快会受挫，甚至产生放弃的念头。因此指导老师要在整个搜索资料、分析和整理信息的过程中给予必要的帮助，如帮助学生解决找哪方面的资料、到哪里去找，这些资料是否合适、得当，如何选择、如何运用等问题，只要小组成员寻求帮助，指导老师都应该提供帮助和意见。

讨论结束后，让学生进行总结、思考，对整个研究探讨的结果进行总结性说明，并且是每位参加的人员都进行整理，最后有一人进行完整的汇总，得出最终的版本。就像学生平时回答问题一样，指导老师既要传授理论，也可添加应用实例；既有讲解提问，又有讨论评价，提高学生自主探究及学习的能力，对于学校培养人才具有有利的影响。

对于学生来说，能够参加学校组织的课题是一件荣幸的事情，通常是由学习成绩较好、思维灵活的学生参加，所以在中学生小课题结束后，应该加一个步骤，就是学生的课题感悟。选取比较好的文章或者段落，经过指导老师和负责老师的编辑整理之后，整合成一篇感悟的文章刊登在学校的校刊、校报上，让学生通过自己的感受和努力在整个过程中学到知识，并且在素质和品格上得到提升。

五、学校之间相互交流

积极与当地兄弟学校进行交流，组织学校与学校之间的中学生小课题研究，让学生们共同成长，相互学习，提升学习氛围，同时可以让学生的学习范围不仅局限于自己学校，也可以向其他学校的学生学习，共同进步。并且可以组织相关的比赛，"以研带赛"，以讨论、分析、座谈活动为载体，以研带赛，以赛促研，要求全校同学都要在已有的知识上进行实践，对这方面做得好的同学进行表彰奖励；学校对实验中表现突出的研究小组、优秀班级、先进个人进行表彰奖励，树立表率。例如：①对有使用价值的小课题成果，将在学校范围内推广使用。②作为学期成绩综合评价之一。③遵照学校制定的"科研奖"评比活动方案同时进行精神和物质奖励等。在全校甚至是全市推进中学生小课题研究在各个学科的应用。小课题研究的出发点和落脚点，是从实际出发，为学生的发展提供助力，对学生学习品质的培养，学习方法、学习习惯养成有很大的意义，结合实际和个人特长及兴趣，寻找切入点，从而在实践中提升学生的学习能力。小课题研究的时间较短，也并不是很难，只要明确研究目标和方案，针对选题进行分析整理，操作起来也较为简单。

六、借助学生培训的有效方式推广

每学期召开一次中学生小课题研讨会，一是对上次研究成果进行总结，二是对本次研究成果进行预估等。学校教科处针对对本次课题感兴趣的学生或者单科感兴趣的学生，进行流程、材料和注意事项的培训，每门课程都可以安排不同的时间和不同的课题项目进行研究，可以让学生们充分地参与，或者是对自己比较感兴趣和擅长的课题进行研究，分组展开研讨，重点谈自己对这次研究的准备和方向，说说自己需要怎样做，同学相互之间提出一些建议，怎样做会更好，研讨时对内容进行汇总。学习不仅是一个循序渐进的过程，更是培养学生良好学习习惯和精神的过程，通过学习探索的机会，让学生以发散性的思维方式考虑问题，营造良好的小课题研究氛围。要求全体师生尽可能参与到课题研究中来，并提供理论上和实践操作层面上的具体指导，要进一步强化"知识即是课题，思考即是研究"的科研学习新理念，促使广大学生破除学习"高不可攀"的艰难感。学校可以成立课题研究鉴定委员会，主要由教师组成，并吸收部分学生参加，聘请专家对研究方案、过程材料、研究报告及其他研究成果进行鉴定，形成鉴定意见，并评出优秀、良好等等级，并记入学生档案。

七、在学校宣传栏等地张贴研究结果及进行表彰

每个中学生小课题研究后，学校教导处负责进行记录，将中学生小课题的相关信息，如实验方式、方法、流程步骤、结果、总结等整理成小型的课题报告，并且将参与学生的姓名和所在班级进行记录，由相关老师或者专业人员进行模版的设计和整理，将报告设计成海报形式打印出来，张贴在学校的活动墙，或者校园操场等学生在自由活动时出入可见的地方，可以提升学校学习氛围、激发学生的学习兴趣，这既是学校对中学生小课题的宣传，同时也是对学生努力学习的激励，促进学生积极参与活动，增长知识，提高学习兴趣；此外，在各个学校领导到学校参观的同时，可以宣传学校文化，提升学校积极上进的气氛，在当地的学校教学和培养学生方面，起到先进模范的带头作用；并且可以同时将研究做成比赛，请本专业资深的老师进行评估、排名，然后将学生在项目中获得的荣誉张贴在学校的宣传栏里进行表彰，并记入档案，以激励同学们的学习的积极性和对知识的热爱。

在校内学生学习活动中，如何提高课外活动的实效，一直是让学校和教师感到困惑的问题。学校迫切需要找到一种能落到实处且有实效的校内学生学习

活动方式。开展小课题研究能够有效地解决学生学习活动中的许多问题，使校内学生学习活动更加贴近书本，更加有效地服务于学习、思考、实践，更加有利于学生学习效率的提高。并且所有的学生都能参与小课题研究，可以有力地促进学生素质的不断发展。

八、逐级申报推广使用小课题

中学生小课题研究的成果在一个学校取得明显成绩，或者是在"兄弟学校"取得一定成绩之后，可以申请到市级、省级进行审核批准，广泛推广这种形式，这对于教育事业来说是一份很大的贡献，让教育界对学生的教育和学习有了新的方式和方法，全面提高当地学生的学习动力和当地学生的学习成绩；各地区和学校，都应积极开发与利用中学生小课题资源，组织教学研究人员和教师开发和利用适合自身课堂教学的信息技术资源，为学生的学习和发展提供丰富多彩的教育环境，为学生提供探索复杂问题、多角度理解知识的机会，更有效地吸引和帮助学生进行学习。中学生小课题研究，是以学校学生自身学习过程中需要掌握的知识为研究对象，以问题解决、经验总结为目标，吸收和运用有利于学习思考的经验、模式和方法，改革育人思路和方法，提高学习水平和质量，同时促进学生自身发展。

九、进行当地教育类电视节目的播报和报刊新闻的刊登及发布

在现代社会，人们普遍偏向于电子产品的浏览和阅读，很少有订阅报刊的情况，对于中学生小课题推广，可通过当地的新闻公众平台和一些教育类的栏目进行推广，如××校开展××中学生小课题专题研究等，这类新闻报道，可以添加视频拍摄及相关活动照片等，对于社会的进步起到积极作用；也可以直接播出到当地的教育台或者是新闻台，作为学校最新动态播出，让广大学生、家长、老师及群众感受到来自学校学生积极向上、奋发拼搏的氛围和动力，间接激励大多数孩子对学习的上进心；同时也可刊登在当地省市相关的报刊栏目上，对于总体的结果有一个深入的探讨和总结，间接促进社会的发展和进步。

十、由当地投资公司或者学校出版益智类等连载刊物

所有中学生小课题的研究成果，充分整理后，可以由学校向有关部门申请刊号，正式出版为面向全社会的正规刊物，可以是旬刊、月刊或季刊。然后将成果发表在期刊上，由专业的期刊编辑进行整理，排版、校对，并对期刊的封面、内文进行版面设计，适合中学生的思考方向。还有对文章标题和栏目标题的创新，可以将每个科目进行不同的栏目划分，或是根据不同的年级或者学科类别，进行不同周期的划分。例如，每周的科目不同，每个科目的研究按年级不同分出不同的板块，让低年级的学生在学习本学期知识的同时，提前预习或者是了解以后将要学习的知识或是课外知识，高年级的同学在学习本学期知识的同时，复习曾经学习过的知识或者是曾经掌握的内容，起到很好的复习作用，可以激发广大学生对学习的兴趣和对知识的渴望。

十一、网络传播方式推广

同"成果交流"里的第5条，利用网络节目的形式进行传播。这种形式适合在当地的电视节目上进行，并且是在省市级教育部门和广播电视台批准的情况下，组织形成一类电视节目，可以是提前录制好的（不太建议现场直播形式，有些需要后期删减），然后节选精彩的部分，并且在节目的最后，可以让参与的同学发言。发言的内容可以是对这次参加中学生小课题的感悟和理解，可以参考已有的相关卫视及中央频道的节目，进行设计安排，参考并按照目前的形式进行改进；可以是每周五或者周六的定档节目，作为拓宽学生知识的机会，对于参与的同学来说是一次锻炼自己的机会，各位家长和老师可以通过节目拓宽自己的知识面，无论是对教学还是生活都是有利的。小课题的研究可以及时补充知识，总结经验，改进不足，使学生的综合素养得到提升。

十二、结合兴趣班推广中学生小课题的研究

很多同学在课外学习中会报一些兴趣班，比如："速读速记""读写算"等课外学习班，是为了在上课的同时拓宽学生的思路，更加全面地分析和思考问题。中学生进行研究性小课题学习是一个难度较大的任务，所以，不要强迫

所有学生都必须参加，尊重学生们的自愿性，参考他们的兴趣、爱好和特长。因此，学校可以跟兴趣班相结合（也可以说是跟一些培训机构相结合），成立类似社团的小团体，用来共同进行一些知识方面的研究，组成中学生小课题小组，让更多的学生参与进来，去除不同学校的界限共同学习，小组成员就相对来说拥有共同的兴趣和爱好，加上各自的特长，这样的小组成员就大大提高了中学生小课题研究的成功率，互动交流，教学相长，让学生们通过互动参与其中，可以获得知识和体验，学会探究、合作、分享，促使学生互助、高效学习，畅所欲言，使学生、老师、学科知识相互亲近，进而形成和谐、快乐的氛围，激发出学生对知识渴望的内在驱动力。

小课题没有各种束缚，是面向全体学生的，只要学生在学习中遇到问题，愿意以其为一个主题开展研究，分析探讨，随即可以向老师或者学校申请、研究，学生"人人可做"成为现实，提高学习质量。由于小课题研究贴近课本、贴近生活，学生在日常学习过程中可以研究、能够研究、愿意研究，其成果介于研究探讨与学习反思之间，教师容易介入，学生容易研究，成果容易形成。因此，小课题研究很容易成为学生掌握知识的奠基石与敲门砖，为学生的成长提供发展的平台。学生参与小课题研究，就会以研究者的心态置身于实际的情境之中，以研究者的眼光审视、分析实践中的各种问题，对自身的思路进行反思，对出现的问题进行探究，对积累的知识经验进行总结，逐步掌握学习规律、形成学习习惯，在实践、探索、反思中提升自己的能力，从而促进学生成长。

中学生小课题研究活动是个人与集体相结合的活动，只有参与才有意义，学生在研究中处于主体地位，只有在团队中充分发挥个人和集体的聪明智慧，才能让学习真正成为一种创造性的活动，这种研究让学生更容易接受，能够通过实际操作使思路变得清晰，结合实际结果，更容易理解和学习。这种方式转变了传统的教育观念，从单纯的传授讲解，升级为学生的自主学习，加强了师生的交流，减少了师生间的隔阂，提高了学生学习的积极性，通过自主探索、小组讨论的方式，培养学生独立思考与团队协作的能力。将枯燥的知识，通过多感官的刺激，突破传统课堂教学的限制，提高了学校、学生及教师的整体积极性，我们应该对此有一个明确的认识，在向广大学生、老师和教育单位讲解并倡导其实践的同时，让大家更加了解、接受这种共同学习和进步的方式。

　　总之，我们希望通过中学生小课题研究成果的交流推广，关注学生学习过程中的生命体验和发展感悟，重视学生的个性差异，发掘学生的潜质，引导学生质疑、调查、探究，在实践中学习，富有个性地学习。开展中学生小课题研究是深化课堂教学的需要，可以提高本校教研效益，促进学生和教师的专业成长，老师在实践中反思教学方式，从而解决部分教学中存在的问题。开展中学生小课题研究能够有效地解决学习和教研活动中的问题，更加有效地提高学生的学习能力，努力培养学生的创新精神和实践能力，实现学生素质的综合性提高。

后记

　　写一部如何促进中学生开展小课题研究的专著，使他们从高中阶段就开始从事专业的科学研究，是我多年的夙愿，也是撰写此书的宗旨和目的。经过两年的努力，在各方面的大力支持和关怀下，这部书终于付梓问世，我与其他编写人员由衷地感到高兴和宽慰。

　　在本书的撰写过程中，得到了深圳市教育科学研究院的资助，盐田高级中学领导的支持，尤其是罗诚校长的特别关照，以及胡宏鹏老师的大力支持，感谢他们为本书的完成所给予的各种支持和帮助。

　　本书仅仅是由盐田高级中学老师团体协作完成，疏漏欠缺之处时有难免，敬请有关专家、学者斧正，使这一开拓性的研究工作能良好地进行下去。

编写人员简介与任务：

肖安庆（深圳市盐田高级中学教师，负责本书全部工作）

葛贻文（深圳市盐田高级中学教师，负责第一章的编写）

罗爱莲（深圳市盐田高级中学教师，负责第二章的编写）

郑文彬（深圳市盐田高级中学教师，负责第三章的编写）

林　娟（深圳市盐田高级中学教师，负责第四章的编写）

董超凡（深圳市盐田高级中学教师，负责第五章的编写）

任春林（深圳市盐田高级中学教师，负责第六章的编写）

胡宏鹏（珠海市第二中学教师，负责校稿工作）

肖安庆

2020年3月